U0934846

深刻领悟“两个确立”的决定性意义

全国干部培训教材编审指导委员会组织编写

序　言

中国式现代化是强国建设、民族复兴的康庄大道，开辟的是人类迈向现代化的新道路，开创的是人类文明新形态。对我们党而言，这既是光荣的历史使命，也是严峻的现实考验，迫切需要以理论武装推动全党团结、事业发展。

理论强，才能方向明、人心齐、底气足。要巩固拓展主题教育成果，坚持不懈用新时代中国特色社会主义思想凝心铸魂，真正把马克思主义看家本领学到手，以思想高度统一确保政治统一、行动统一，全面提升与推进中国式现代化相适应的政治能力、领导能力、工作能力。要善于从党的创新理论中汲取踔厉奋发、勇毅前行的精神动力，坚定历史自信、锤炼斗争本领，始终以锐意进取、迎难而上的奋斗姿态奋进新征程、建功新时代。

道不可坐论，理不能空谈。学习党的创新理论的目的全在于运用。各级干部要发扬理论联系实际的马克思主义学风，自觉掌握运用好党的创新理论这一强大思想武器，紧紧围绕以中国式现代化全面推进强国建设、民族复兴伟业这个中心任务，持续解决制约高质量发展问题、群众急难愁盼问题、党的建设突出问题，有效防范化解重大风险，创造性开展工作，不断把党的二十大描绘的宏伟蓝图变成美好现实。

新时代以来，党的理论创新和实践创新是十分生动的，我们的学习也应该是生动的。这批教材集中反映了新时代的创新成果，展示了我们党推进和拓展中国式现代化的生动实践。各级干部要学好用好教材，当好中国式现代化建设的坚定行动派、实干家。

习近平

2024年2月28日

目　录

深刻领悟“两个确立”的决定性意义 | CONTENTS

绪　论

Introduction

“两个确立”对新时代党和国家事业发展、对推进中华民族伟大复兴历史进程具有决定性意义

党的十九届六中全会通过的《中共中央关于党的百年奋斗重大成就和历史经验的决议》指出：“党确立习近平同志党中央的核心、全党的核心地位，确立习近平新时代中国特色社会主义思想的指导地位，反映了全党全军全国各族人民共同心愿，对新时代党和国家事业发展、对推进中华民族伟大复兴历史进程具有决定性意义。”这一重要论断，深刻揭示了“两个确立”的科学内涵和重大意义。

“两个确立”遵循了马克思主义建党学说的基本观点。坚持科学的理论指导，始终是马克思主义政党的一条基本原则。恩格斯曾说过，“我们党有个很大的优点，就是有一个新的科学的世界观作为理论的基础”。维护无产阶级政党的权威、无产阶级政党领袖的权威，是马克思主义政党的内在要求。没有权威，就不可能有任何的一致行动。巴黎公社失败后，恩格斯总结道：“巴黎公社遭到灭亡，就是由于缺乏集中和权威。”马克思还说过：“一个单独的提琴手是自己指挥自己，一个乐队就需要一个乐队指挥。”作为一个在14亿多人口大国执政的拥有9800多万名党员的大党，坚强的领导核心和科学的理论指导，是关乎党和国家前途命运、党和人民事业成败的根本性问题。“两个确立”深刻揭示了马克思主义政党的根本政治原则，体现了马克思主义唯物史观的基本观点，丰富和发展了马克思主义建党学说，充分彰显了新时代中国共产党人高度的政治自觉和坚定的理论自信。

“两个确立”是党的百年奋斗特别是党的十八大以来伟大实践得出的重大历史结论，是体现全党共同意志、反映人民共同心声的重大政治判断。历史是最好的教科书，也是最好的清醒剂。坚强的领导核心和科学的理论指导是我们党领导革命、建设、改革事业取得胜利的根本保证。在遵义会议之前，我们党没能形成成熟的党中央，没有确立坚强的党的领导核心，也没有形成成熟的马克思主义中国化成果，这是党的事业屡遭挫折甚至面临失败危险的关键因素。1935 年召开的遵义会议事实上确立了毛泽东同志在党中央和红军的领导地位，开始确立以毛泽东同志为主要代表的马克思主义正确路线在党中央的领导地位，开始形成以毛泽东同志为核心的党的第一代中央领导集体，统一了全党的思想和行动，最终使中国革命转危为安，中国革命从此焕然一新。邓小平同志指出：“遵义会议以前，我们的党没有形成过一个成熟的党中央。从陈独秀、瞿秋白、向忠发、李立三到王明，都没有形成过有能力的中央。我们党的领导集体，是从遵义会议开始逐步形成的”。1945 年党的七大正式确立了毛泽东思想的指导地位，全党实现了空前团结，为新民主主义革命的最终胜利奠定了坚实基础。“文化大革命”结束以后，在党和国家面临何去何从的重大历史关头，以邓小平同志为主要代表的中国共产党人，以洞察历史和把握时代的远见卓识，把“社会主义”和“中国特色”有机结合起来，开辟了中国特色社会主义道路，中华民族伟大复兴走上了正确道路。改革开放以来，在党的坚强领导下，在邓小平理论、“三个代表”重要思想、科学发展观指导下，我国创造了改革开放和社会主义现代化建设的伟大成就。

党的十八大以来，习近平总书记以马克思主义政治家、思想家、战略家的雄韬伟略、远见卓识、战略定力，团结带领全党全军全国各族人民稳经济、促发展，战贫困、建小康，控疫情、抗大灾，应变局、化危机，攻克了一个个看似不可攻克的难关险阻，创造了一个个令人刮目相看的人间奇迹，党和国家事业取得历史性成就、发生历史性变革；习近平新时代中国特色社会主义思想，以一系列原创性治国理政新理念新思想新战略，回答中国之问、世界之问、人民之问、时代之问，开辟了马克思主义中国化时代化新境界。新时代党和国家事业之所以取得历史性成就、发生历史性变革，最根本的原因就在于有习近平总书记领航掌舵，全党有了“顶梁柱”，14亿多中国人民有了“主心骨”；在于有习近平新时代中国特色社会主义思想的科学指引，全党全军全国各族人民有了思想上的“定盘星”、行动上的“指南针”。实践充分证明，习近平总书记是当之无愧的党的核心、人民领袖、军队统帅，是中华民族伟大复兴号巨轮的领航人、掌舵者；习近平新时代中国特色社会主义思想是当代中国马克思主义、二十一世纪马克思主义，是中华文化和中国精神的时代精华，是全党全国人民为实现中华民族伟大复兴而奋斗的行动指南。

核心就是力量，思想就是旗帜。“两个确立”作为党在新时代取得的最重大政治成果，已经成为全党全军全国各族人民的高度共识和共同意志，已经写在了新时代的伟大征程中、写在了全党全军全国各族人民心坎上，是党和人民应对一切不确定性的最大确定性、最大底气、最大保证。

第一章
Chapter One

“两个确立”科学揭示了马克思主义政党的根本政治原则

维护党中央权威和集中统一领导、坚持科学理论指引，从而锻造出战胜一切艰难险阻的创造力、凝聚力、战斗力，是马克思主义唯物史观和建党学说的基本观点，是被实践证明了的无产阶级革命运动的宝贵经验，是一个成熟的马克思主义政党必须始终坚持的重大原则。

第一节 “两个确立”体现了马克思主义政党的性质宗旨

马克思主义政党的性质宗旨，深刻回答了马克思主义政党“是什么、要干什么”这个根本问题，决定着马克思主义政党必须始终维护党中央权威和集中统一领导、坚持科学理论指引。

一、“两个确立”是由马克思主义政党的性质决定的

党的性质，也就是党的本质特征，是马克思主义政党区别于其他政党的质的规定性。马克思主义政党是以无产阶级为阶级基础、以最广大人民为群众基础的政党。毛泽东同志曾说：“无产阶级里头出了那样一部分比较先进的人，组织成一个政治性质的团体，叫共产党。”《中国共产党章程》开宗明义规定了中国共产党的性质：中国共产党是中国工人阶级的先锋队，同时是中国人民和中华民族的先锋队。这一质的规定性，关乎党的指导思想、根本宗旨和政治纲领，集中体现了党的初心和使命。

维护党的团结和集中统一，是马克思主义政党的性质和任务决定的。马克思指出：“无产阶级在反对有产阶级联合力量的斗争中，只有把自身组织成为与有产阶级建立的一切旧政党不同的、相对立的政党，才能作为一个阶级来行动。”《共产党宣言》明确强调了马克思主义政党的本质特征：“在实践方面，共产党人是各国工人政党中最坚决的、始终起推动作用的部分；在理论方面，他们胜过其

余无产阶级群众的地方在于他们了解无产阶级运动的条件、进程和一般结果。”马克思主义政党的本质特征，决定了内部可以通过无条件的集中和极严格的纪律，正确地、有效地、胜利地发挥自己的组织作用，与资产阶级展开彻底斗争。

使命源于性质。无产阶级政党的第一部章程《共产主义者同盟章程》第一条明确规定，同盟的目标是“推翻资产阶级，建立无产阶级统治，消灭以阶级对立为基础的资产阶级旧社会，建立没有阶级、没有私有制的新社会”。它是崇高的、科学的、坚定的，召唤着无数共产党人向往之、奔赴之、笃行之。而要实现这样的伟大使命，必然要求全党团结在党的旗帜下，始终保持集中统一，团结成“一块坚硬的钢铁”，心往一处想、劲往一处使。

Manifest
der
Kommunistischen Partei.

Veröffentlicht im Februar 1848.

Proletarier aller Länder vereinigt euch.

London.
Gedruckt in der Office der „Bildungs-Gesellschaft für Arbeiter“
von J. E. Burghard.
46, Liverpool Street, Bishopsgate.

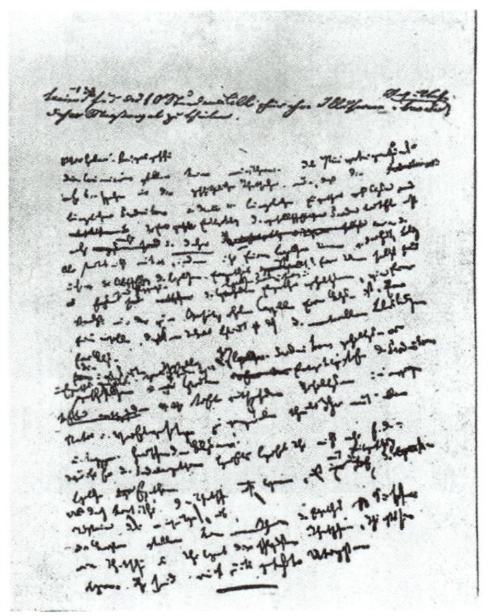

1847 年 11 月 29 日，共产主义者同盟第二次代表大会在伦敦召开。马克思、恩格斯受大会委托起草《共产党宣言》。这是《共产党宣言》第一版封面（左）和马克思所写《共产党宣言》草稿仅存的一页（头两行字为马克思夫人燕妮所写）。（新华社发）

维护党的团结和集中统一是党的生命。保证党的团结和集中统一，不仅是马克思主义理论的基本问题，也是党的建设的根本问题。成立之初，马克思主义政党就注重维护党的团结和集中统一。《共产主义者同盟章程》第二条对盟员的条件作出明确规定，要求“服从同盟的一切决议”。第五条明确规定，同盟的组织是支部、区部、总区部、中央委员会和代表大会。第二十一条明确规定，中央委员会是全盟的权力执行机关，向代表大会报告工作。第三十条明确规定，代表大会是全盟的立法机关。关于修改章程的一切提案均经总区部转交中央委员会，再由中央委员会提交代表大会。这些规定实际上是将正义者同盟彻底改变为体现民主集中制的无产阶级政党，为把共产主义者同盟建成国际共产主义运动的坚强领导核心提供组织保证。

1850 年 3 月，马克思、恩格斯在《共产主义者同盟中央委员会告同盟书》中指出，同盟存在着从坚强的组织大大地削弱了的突出问题，其结果是，当德国民主派即小资产阶级的党派日益组织起来的时候，工人的政党却丧失了自己唯一巩固的支柱，至多也只是在某些地方为了当地的目的还保存着组织的形式，因此在一般的运动中就落到了完全受小资产阶级民主派控制和领导的地位。马克思、恩格斯强调，“这种状况必须结束”，“工人政党必须尽量有组织地、尽量一致地和尽量独立地行动起来”。

第一国际时期，在批判巴枯宁“支部自治”、“反权威主义”等错误观点时，马克思、恩格斯明确提出无产阶级政党必须凝聚自己的所有力量，强调如果每一个支部、每一个人都各行其是，党就只能陷入瓦解，就不能成为坚强统一的组织。1872 年 1 月，恩格斯在总结巴黎公社失败教训时强调，“巴黎公社遭到灭亡，就是由于缺乏集中和权威”，并进一步指出，“如果有人对我说，权威和集中是两种在任何情况下都应当加以诅咒的东西，那么我就认为，说这种话的人，要么不知道什么叫革命，要么只不过是口头革命派”。列宁把铁的纪律作为布尔什维克成功的基本条件之一，强调“如果我们党没有极严格的真正铁的纪律……那么布尔什维克别说把政权保持两年半，就是两个半月也保持不住”。

马克思主义政党不是“个人的偶然凑合”，而是靠科学的理论、先进的纲领、严明的纪律紧密团结在一起的。思想上的统一、政治上的团结、行动上的一致，是党的事业不断发展壮大的根本所在，是党的生命。越是在形势环境险恶、敌人强大凶残、革命遭遇挫折时，越是要保证党的团结统一。没有党的团结和集中统一，党就会成为松散的俱乐部，要进行艰苦的革命斗争更无从谈起。

维护党的团结和集中统一，首先要实现全党思想上的统一。思想上的统一是党的团结统一最深厚、最持久、最可靠的保证。最深厚，因为它是建立在共同理想信念、共同政治目标和共同组织纪律之上的；最持久，因为它是建立在长期的革命斗争、建设事业的实践基础之上的；最可靠，因为它是建立在党的严密组织体系和制度机制之上的。在俄国社会民主工党成立初期，党内思想混乱和意见分歧的情况普遍存在，各种机会主义思潮甚嚣尘上。鉴于此，列宁曾深刻指出，“必须经过一番努力才能达到俄国社会民主党人在思想上的统一”，如果没有思想上的统一，那么建立和巩固集中统一的党是不可能实现的。1900 年 8 月，列宁在《〈火星报〉编辑部声明》中强调，实现党的集中统一，“首先，必须做到巩固的思想一致，排除意见分歧和思想混乱”。

思想是行动的先导，理论是实践的指南。毛泽东同志曾经指出：“掌握思想教育，是团结全党进行伟大政治斗争的中心环节。”习近平总书记强调：“加强思想教育和理论武装，是党内政治生活的首要任务，是保证全党步调一致的前提。”有思想上的高度统一，才有意志上的一致和行动上的协调。

二、“两个确立”是由马克思主义政党的宗旨决定的

马克思主义博大精深，归根到底就是一句话，为人类求解放。《共产党宣言》庄严宣告：“过去的一切运动都是少数人的，或者为少数人谋利益的运动。无产阶级的运动是绝大多数人的，为绝大多数人谋利益的独立的运动。”党的团结和集中统一不会凭空产生，而是根源于共同的利益、生长于共同的事业、凝结于共同的目标。在根本利益一致的基础上，形成共同的理想、统一的意志、高度的团结，这是马克思主义政党独有的政治特质。

为绝大多数人谋利益，决定了马克思主义政党的先进性。马克思指出，“人们为之奋斗的一切，都同他们的利益有关”。一部文明史，不过是人类不断通过劳动获取利益、实现自身发展、推动社会前进的过程。阶级社会的根本问题，就在于是为极少数人谋利益，还是为绝大多数人谋利益。利益冲突，是阶级冲突的实质，也是阶级斗争的根源。奴隶社会和封建社会史、资本主义发展史，写满了极少数人为满足自身利益而残酷压迫绝大多数人的斑斑血泪。马克思主义第一次站在人民的立场探求人类自由解放的道路，以科学的理论为最终建立一个没有压迫、没有剥削、人人平等、人人自由的理想社会指明了方向。马克思主义之所以具有跨越国度、跨越时代

的影响力，就是因为它植根人民之中，指明了依靠人民推动历史前进的人间正道。彻底解放全人类，促进人的自由而全面发展，最终实现共产主义，是马克思主义政党的崇高理想，也是马克思主义政党具有先进性的根本所在。

坚持党性和人民性的统一，坚持对党负责和对人民负责的一致性，是理解“维护党中央权威和集中统一领导”重大原则的关键。马克思主义政党是为民族、为人民谋利益的政党，其阶级性质和历史使命，决定了它是最大公无私的阶级，决定了它的根本利益与人民大众根本的、长远的利益的天然一致性。1888 年，恩格斯在《共产党宣言》英文版序言中深刻指出：“被剥削被压迫的阶级（无产阶级），如果不同时使整个社会一劳永逸地摆脱一切剥削、压迫以及阶级差别和阶级斗争，就不能使自己从进行剥削和统治的那个阶级（资产阶级）的奴役下解放出来”。列宁在创立俄国共产党并领导俄国社会主义革命和建设实践中强调，“党是直接执政的无产阶级先锋队，是领导者”，“党应当是组织的总和（并且不是什么简单的算术式的总和，而是一个整体）”，党是“人民的代言人”，是无产阶级组织的“最高形式”和“有组织的部队”，党要实行民主集中制的原则，等等。这些重要论述深刻昭示着，党性是人民性最高最集中的体现；坚持党性原则，也就是坚持无产阶级和人民大众的根本利益的原则。

苏联共产党名称演变

1898 年，俄国社会民主工党成立；

1918 年，改称为俄国共产党（布）；

1925 年，改称为全联盟共产党（布）；

1952 年，正式更名为苏联共产党。

唯物史观是我们正确认识伟大人物和人民群众关系、深刻理解“维护党中央权威和集中统一领导”重大原则的哲学基础。唯物史观在批评以往英雄史观的基础上高度肯定人民群众在创造历史中的主体作用，突出强调伟大人物对群众活动的引领作用。在人民推动社会发展的历史进程中，伟大人物以其卓越历史洞察力、思想引领力、政治组织力，在历史进程中起到了无可替代的关键作用。正如恩格斯评价马克思那样，“马克思比我们大家都站得高些，看得远些，观察得多些和快些”，“我们之所以有今天的一切，都应当归功于他”，“没有他，我们至今还会在黑暗中徘徊”。

谁都知道，群众是划分为阶级的；只有把不按照生产的社会结构中的地位区分的大多数同在生产的社会结构中占有特殊

> 地位的集团对立时，才可以把群众和阶级对立起来；在通常情况下，在多数场合，至少在现代的文明国家内，阶级是由政党来领导的；政党通常是由最有威信、最有影响、最有经验、被选出担任最重要职务而称为领袖的人们所组成的比较稳定的集团来主持的。
>
> ——列宁：《共产主义运动中的“左派”幼稚病》（1920年4—5月）

无产阶级的历史地位和历史使命，决定了无产阶级领袖往往比一般人站得高、看得远，解决历史任务的愿望比别人更强烈、更主动，能为群众指明革命斗争的方向，在革命斗争中起着领导核心作用，能够大大加速历史发展进程；往往既是实践家，又是理论家；既是人民的领导者，又是人民的公仆；既具有卓越的个人才能，又善于集中群众的智慧。维护党的领袖的权威，建立在唯物史观基础之上，是实践发展的需要，是客观规律的昭示。

马克思主义政党的宗旨决定了党的领袖与人民群众是相互依存、密不可分的辩证关系。人民群众需要党的领袖，党的领袖是人民群众利益的忠实代表。没有党的领袖，人民群众的斗争和实践就会陷入自发、涣散、盲目、摸索的状态。正如邓小平同志指出：“工人阶级政党的领袖，不是在群众之上，而是在群众之中，不是在党之上，而是在党之中。正因为这样，工人阶级政党的领袖，必须是密切联系群众的模范，必须是服从党的组织、遵守党的纪律的模范。”“两个确立”深刻体现了马克思主义政党的宗旨，得到人民群众的衷心拥护和坚定支持，具有牢不可破的群众基础。

第二节 “两个确立”体现了马克思主义政党的根本组织原则

民主集中制作为正确规范党内政治生活、处理党内关系的基本准则，是反映、体现全党同志和全国人民利益和愿望，保证党的路线方针政策正确制定和执行的科学、合理、有效率的制度，是马克思主义政党赖以存在和发展的最基本的制度保证。

一、民主集中制是马克思主义政党的根本组织原则

民主集中制包括民主和集中两个方面，两者互为条件、相辅相成、缺一不可。《中国共产党章程》规定：“民主集中制是民主基础上的集中和集中指导下的民主相结合。它既是党的根本组织原则，也是群众路线在党的生活中的运用。”民主是正确集中的前提和基础，离开民主讲集中，集中就成了个人专权专断。集中是民主的必然要求和归宿，离开集中搞民主，就会导致极端民主化和无政府状态。

民主集中制是马克思主义建党学说的重要内容。马克思、恩格斯在改组共产主义者同盟和建立国际工人协会时，就阐述了民主和集中相结合的思想。列宁把民主集中制作为党的组织原则正式写入党章，认为党的基层组织应真正成为党组织的细胞，所有的上层机

关都应成为真正选举出来的、要汇报工作的、可以撤换的机关。同时指出：“为了保证党内团结，为了保证党的工作集中化，还需要有组织上的统一，而这种统一在一个已经多少超出了家庭式小组范围的党里面，如果没有正式规定的党章，没有少数服从多数，没有部分服从整体，那是不可想象的。”列宁把这一原则推广到共产国际各国党的建设中，要求“加入共产国际的党，应该是按照民主集中制的原则建立起来的”。

民主集中制是科学合理而又有效率的制度。民主集中制把充分发扬党内民主和正确实行集中有机结合起来，既可以最大限度激发全党创造活力，又可以统一全党思想和行动，形成推进党和国家事业发展的强大合力，有效防止和克服议而不决、决而不行、行而不实的分散主义、本位主义。说它科学，是因为这一制度将民主和集中两个看似冲突的东西，在一定形式上统一起来，既是民主的，又是集中的，体现了对立统一规律；说它合理，是因为这一制度确保了科学决策、民主决策、依法决策，避免出现重大失误甚至颠覆性错误；说它有效率，是因为党组织一旦作出决定，全体党员就必须坚决执行，不允许各行其是。

坚持民主集中制的政治前提，是坚决维护党中央权威和集中统一领导。坚决维护党中央权威、保证全党令行禁止，是党和国家前途命运所系，是全国各族人民根本利益所在，每一个党员都必须自觉遵守。如果党中央没有权威，党的理论和路线方针政策可以随意不执行，党就会变成一盘散沙，就会成为自行其是的“私人俱乐部”，坚持党的领导就会成为一句空话。按照民主集中制原则，党和国家工作的重大决策部署，在听取各方面意见和建议后，最后的决定权在党中央。在酝酿和讨论过程中，大家可以充分发表意见，畅所欲言，可以提修改意见，可以批评，甚至可以反对。但是，一旦党中央作出决定，各方就要坚决贯彻执行。这些程序、环节不是可有可无的，而是贯彻民主集中制的体现，目的就是为了充分发扬民主，形成正确集中。确立、维护党中央权威，既是民主集中制的必然要求和结果，又是保证民主集中制得以贯彻执行、正常有序运转的重要一环。

二、没有权威就不可能有任何的一致行动

马克思主义政党是按照民主集中制原则组织起来的，民主集中制是党的根本组织原则和领导制度，坚决维护党中央权威是全面贯彻民主集中制的题中应有之义。

突出“集中”和“权威”，与无产阶级运动所面临的问题密不可分。革命是一个阶级推翻另一个阶级的暴烈的行动，需要面临流血牺牲、付出艰辛努力。1848 年欧洲革命失败后，工人运动陷入低潮。在共产主义者同盟内部，出现了一些混乱现象：某些地方发生少数不服从多数、下级组织不服从上级组织的行为，“个别的区部和支部开始放松了，甚至渐渐地中止了自己同中央委员会的联系”。鉴于失败的教训、斗争的艰巨，马克思、恩格斯特别强调了党的集中领导的重要性。1871 年，恩格斯在一封信中强调，“没有权威，就不可能有任何的一致行动”。无产阶级政党如果缺乏必要的权威，就会沦为一个松散软弱的组织，势必难以集中起反对资产阶级的共同意志和强大战斗力。

但是，能最清楚地说明需要权威，而且是需要专断的权威的，要算是在汪洋大海上航行的船了。那里，在危急关头，大家的生命能否得救，就要看所有的人能否立即绝对服从一个人的意志。

——恩格斯：《论权威》（1872 年 10 月—1873 年 3 月）

列宁把维护党中央权威和集中统一领导成功运用于党的建设和领导俄国十月革命的伟大实践，是维护党中央权威和集中统一领导思想在理论和实践上的重要发展。列宁严肃批评俄国一些激进的知识分子提出的不要任何权威的主张，明确指出无产阶级要在全世界进行艰难而顽强的斗争以取得彻底解放，就必须有权威。他指出，“在历史上，任何一个阶级，如果不推举出自己的善于组织运动和领导运动的政治领袖和先进代表，就不可能取得统治地位”；“造就一批有经验、有极高威望的党的领袖是一件长期的艰难的事情。但是做不到这一点，无产阶级专政、无产阶级的‘意志统一’就只能是一句空话”。俄国布尔什维克党正是坚持科学理论指导和实行民主集中制，有以列宁为领袖、由久经考验的无产阶级革命家组成的中央领导集体的运筹谋划，有斗争经验丰富、包括一批职业革命家在内的领导骨干队伍去宣传和组织群众，还有一支党创建和领导的强大军队去冲锋陷阵，才干成十月革命。然而，列宁缔造的党却在 20 世纪 90 年代初解散。究其重要原因，是这个党的民主集中制被抛弃了，政治纪律被动摇了，党中央权威没有了，导致既没有民主，也没有集中，谁都可以言所欲言、为所欲为，党内思想混乱、纪律松弛，最终走向覆亡。

在中国这样的东方大国领导革命、建设、改革，是根本改造中国、造福中国的历史伟业，马克思主义经典作家没有直接说过，我们的前人也没有干过，面对的困难和矛盾之多、经历的挑战和风险之大，是世界上任何政党所不能比拟的，党的领袖的高瞻远瞩、运筹帷幄至关重要，中国化时代化的马克思主义至关重要。

知所从来，思所将往，方明所去。正是因为有马克思、恩格斯和马克思主义，才有国际共产主义运动的兴起，才有后来马克思主义政党在世界范围内如雨后春笋般建立和发展起来；正是因为有列宁和列宁主义，才有俄国十月革命的成功，才有世界上第一个社会主义国家的建立和国际共产主义运动的蓬勃发展，才有第二次世界大战后一大批社会主义国家的诞生；正是因为有中国共产党的杰出领袖和马克思主义中国化时代化的科学理论，才使中国这个古老的东方大国创造了人类历史上前所未有的发展奇迹，才使马克思主义以崭新形象展现在世界上，才使世界范围内社会主义和资本主义两种意识形态、两种社会制度的历史演进及其较量发生了有利于社会主义的重大转变。回首历史，一个结论分外清晰：马克思主义政党有杰出领袖掌舵，有科学理论指引，才能钢铁般团结统一，才能攻坚克难不断取得胜利。

杰出的马克思主义政党领袖应该既是杰出的革命家、政治家，又是杰出的理论家。马克思主义从来不是束之高阁的学问，而是实践的科学理论、行动的管用思想。杰出的马克思主义政党领袖既要有马克思主义政治家的深刻洞察力和战略远见，又要有马克思主义理论家的非凡理论造诣和深厚文化底蕴；既要有职业革命家的强烈历史担当和大无畏献身精神，又要有战略实干家的丰富实践经验和卓越领导才干；既要用管党治国成就证明实践领导力，又要用科学思想理论展示思想引领力。这样的伟大人物，才能成为对人类社会发展有深远影响的马克思主义政党领袖。

对马克思主义政党领袖的素质有这样的要求，从根本上说是因为马克思主义政党领导的社会主义革命和建设事业是人类历史上前所未有的壮丽事业，必须由坚强的马克思主义政党来领导才能取得胜利。这个党要真正具有创造力、凝聚力、战斗力就必须以马克思主义为指导，必须按照民主集中制原则组织起来，在实践中造就并推选出自己最有威信、最有影响、最有经验，善于把马克思主义基本原理同本国具体实际结合起来的政治领袖来统揽全局、领航掌舵。马克思主义政党形成众望所归的党的杰出领袖，创立党的科学理论，是这个党在政治上、理论上成熟的显著标志，也是这个党坚强有力的根本保证。

对于马克思主义政党来说，党的领导核心就是灵魂、就是力量，党的科学理论就是旗帜、就是方向。党的领导核心集中全党智慧创立的科学理论越是洞察历史规律，越是切合时代需要，越是占据思想高地，越是务实有效管用，领袖地位和政治权威就越是坚如磐石，核心作用和统率才能就越能充分施展。

正是从理论的深沉呼唤中、历史的深刻启示中、现实的深切需要中，我们党作出了“两个确立”具有决定性意义的重大政治判断。这是对贯通历史与现实的必然逻辑和客观规律的深刻总结。

第三节 “两个确立”体现了马克思主义政党思想理论上的先进性

理论是实践的先导，思想是行动的指南。德国著名诗人海涅说过：“思想走在行动之前，就像闪电出现在雷鸣之前一样。”马克思主义科学揭示了人类社会发展规律，指明了人类寻求自身解放的道路，为无产阶级政党提供了科学的世界观和方法论。习近平总书记指出：“马克思主义政党的先进性，首先体现为思想理论上的先进性。”拥有马克思主义科学理论的指导，是无产阶级政党鲜明的政治品格和强大的政治优势。

一、马克思主义是科学的理论

科学理论是对客观事物本质和规律的正确反映，在帮助人们提高自觉能动性、摆脱盲目性，从而保证实践成功方面具有重要作用。在一场重大实践活动到来之前，必然要先有科学理论来发挥先导和指引作用。列宁在批判俄国工人运动中的“自发性”时曾指出，“没有革命的理论，就不会有革命的运动”。他认为，“只有以先进理论为指南的党，才能实现先进战士的作用”。事实证明，只有受科学理论指导的实践才是自觉的实践，而缺乏科学理论指导的实践则是盲目的实践。

马克思主义高度重视理论的作用，特别强调科学理论对实践的指导作用。马克思曾说：“理论在一个国家实现的程度，总是取决于理论满足这个国家的需要的程度。”理论的作用是巨大的，但理论的作用从来不是随意的，通过反映客观现实规律并科学指导实践，是理论的价值所在。马克思说：“理论一经掌握群众，也会变成物质力量。”恩格斯在《自然辩证法》这部重要著作中曾经严厉批判过一些自然科学家轻视哲学理论的错误观点，指出：“自然科学家尽管可以采取他们所愿意采取的态度，他们还得受哲学的支配。问题只在于：他们是愿意受某种蹩脚的时髦哲学的支配，还是愿意受某种建立在通晓思维历史及其成就的基础上的理论思维形式的支配。”

马克思主义产生于19世纪40年代，当时资本主义生产方式在西欧已经有了相当的发展。工业革命和科技进步极大地提高了劳动生产率，促进了生产力的发展。资本主义生产方式一方面带来了社会化大生产的迅猛发展，另一方面又造成了深重的社会灾难。社会两极分化，周期性经济危机频繁爆发，工人极端困苦。机器大工业的发展，不仅没有改善工人的劳动和生活条件，而且使工人成为机器的附庸。资本家采取延长劳动时间、增大劳动强度、廉价雇佣女工和童工等手段，拼命压榨工人血汗，无产阶级与资产阶级的矛盾不断加剧。无产阶级在反抗资产阶级剥削和压迫的斗争中，逐步走向自觉，并迫切渴望科学理论的指导。马克思和恩格斯深刻总结这一时期资本主义的巨大的物质进步与深刻的社会矛盾，同时吸收、改造人类思想文化的一切优秀成果和前人的理论成果，创立了马克思主义。

马克思主义是关于自然、社会和人类思维发展一般规律的学说，是关于社会主义必然代替资本主义、最终实现共产主义的学说，是关于无产阶级解放、全人类解放和每个人自由而全面发展的学说，是无产阶级政党的指导思想。马克思主义认为，资本主义生产方式的基本矛盾，即生产的社会化和生产资料的资本家私人占有之间的矛盾，是资本主义不可克服的内在矛盾。资本主义基本矛盾的固有性、不可克服性、不可抗拒性，决定了资本主义制度必然要被比它更加先进的社会制度所代替。正是基于这样一个客观事实，马克思和恩格斯得出了这样的结论：资本主义必然灭亡、社会主义必然胜利。

在人类思想史上，就科学性和影响力而言，没有一种思想理论能达到马克思主义的高度，也没有一种学说能像马克思主义那样对世界产生如此广泛而深远的影响。正如习近平总书记深刻指出的：“这一理论犹如壮丽的日出，照亮了人类探索历史规律和寻求自身解放的道路。”正是在马克思主义指导下，欧洲无产阶级反对资本主义的运动风起云涌，马克思主义与无产阶级的结合，转化为声势浩大的无产阶级改造旧社会的社会主义运动。

马克思的思想理论源于那个时代又超越了那个时代，既是那个时代的精华，又是整个人类精神的精华。马克思主义所蕴含的科学性、人民性、实践性、开放性，充分显示了其作为党的灵魂的根本价值。科学性是马克思主义的根本价值所在。马克思主义是指导我们改造客观世界和主观世界的锐利思想武器。马克思主义给予共产党人科学的世界观和方法论，揭示了人类社会最终走向共产主义的必然趋势，奠定了共产党人坚定理想信念的理论基础。人民性是马克思主义最鲜明的品格。人民立场是马克思主义政党的最根本的政治立场。在人类历史上，马克思主义第一次站在人民的立场探求人类自由解放道路。实

习近平：在纪念马克思诞辰 200 周年大会上的讲话

践性是马克思主义理论区别于其他理论的显著特征。实践的观点是马克思主义认识论的基本观点。实践是理论的基础，科学理论对实践具有强大的指导作用。马克思主义来自实践，是为了改变人民历史命运而创立的，也是在人民求解放的实践中形成、丰富和发展的。开放性是马克思主义永葆生机活力的奥妙所在。马克思主义不是教条，而是行动指南，必须依据实践的变化而发展。马克思主义具有极大的开放性和包容性。马克思主义极大推动了人类文明进程，深刻改变了世界。

马克思主义是革命的理论。恩格斯说，“马克思首先是一个革命家”。马克思、恩格斯从资本主义社会的阶级对立来分析无产阶级的历史使命，指出无产阶级是资本主义掘墓人和共产主义建设者。马克思主义认为，无产阶级处于资本主义社会最底层，是革命最坚决、最彻底的阶级，革命对于无产阶级来说，“失去的只是锁链。他们获得的将是整个世界”。无产阶级只有推翻资产阶级政治统治，废除资本主义雇佣劳动制度，消灭资本家的剥削和压迫，才能得到彻底解放。无产阶级革命代表的不仅是无产阶级自身解放的利益，而且代表全人类解放的利益。无产阶级只有解放全人类才能最终解放自己。

马克思主义深刻揭示了自然界、人类社会、人类思维发展的普遍规律，为人类社会发展进步指明了方向；马克思主义坚持实现人民解放、维护人民利益的立场，以实现人的自由而

全面的发展和全人类解放为己任，反映了人类对理想社会的美好憧憬；马克思主义揭示了事物的本质、内在联系及发展规律，是“伟大的认识工具”，是人们观察世界、分析问题的有力思想武器；马克思主义具有鲜明的实践品格，不仅致力于科学“解释世界”，而且致力于积极“改变世界”。在人类思想史上，还没有一种理论像马克思主义那样对人类文明进步产生了如此广泛而巨大的影响。

——习近平：《在哲学社会科学工作座谈会上的讲话》（2016年5月17日）

二、马克思主义理论不是教条，而是行动指南

习近平总书记多次指出，马克思主义理论不是教条，而是行动指南，必须随着实践的变化而发展。马克思主义揭示了人类社会发展规律，为人们正确地认识世界、改造世界提供了强大的思想武器。同时，马克思主义是不断发展的开放的理论，必须随着实践的变化而发展。马克思、恩格斯反复强调，要从最顽强的事实出发预测未来社会，坚决反对教条式预测未来和规定未来社会的具体细节，强调科学社会主义原则的运用，必须随时随地以具体的历史条件为转移。

一部马克思主义发展史就是马克思、恩格斯以及他们的后继者不断根据时代、实践、认识发展而发展的历史，是不断吸收人类历史上一切优秀思想文化成果丰富自己的历史。恩格斯深刻指出：“马克思的整个世界观不是教义，而是方法。它提供的不是现成的

教条，而是进一步研究的出发点和供这种研究使用的方法。”他还指出，不要去生搬硬套马克思和他的话，而要根据自己的情况，像马克思那样去思考问题，只有在这个意义上，“马克思主义者”这个词才有存在的理由。我们的理论“是一种历史的产物，它在不同的时代具有完全不同的形式，同时具有完全不同的内容”。“只要进一步发挥我们的唯物主义论点，并且把它应用于现时代，一个强大的、一切时代中最强大的革命远景就会立即展现在我们面前。”列宁曾经强调，马克思主义“所提供的只是总的指导原理，而这些原理的应用具体地说，在英国不同于法国，在法国不同于德国，在德国又不同于俄国”。

19 世纪的最后 30 年，欧美主要资本主义国家发生了以电力应用为特点的第二次产业革命。生产力的迅速发展引起了资本主义生产关系的深刻调整。从 19 世纪 70 年代起，资本主义开始从自由竞争阶段向垄断阶段过渡。马克思逝世后，恩格斯坚持捍卫和发展马克思主义，关注和剖析资本主义的新变化，根据新的条件深入思考无产阶级革命的战略策略，提出了一些新的思考和设想，进一步丰富和完善了马克思主义理论。一是进一步阐发唯物史观。恩格斯晚年有针对性地阐明了历史唯物主义的基本原理，突出强调了上层建筑诸因素的相互影响及其对经济基础的反作用，提出了历史发展的根本动力和合力的观点，澄清了来自不同方面对马克思主义的曲解。二是对无产阶级革命策略进行了新的探索。恩格斯指出社会主义革命取得胜利的长期性，进一步深化发展了“两个决不会”思想；提出正确运用无产阶级革命的策略，在保留一定条件下进行暴力革命权利的同时，要重视和平手段的作用，充分利用资产阶级民主和普选权。三是关注俄国农村公社的争论，思考落后国家走向社会主义的可能性。1894 年，恩格斯在《〈论俄国的社会问题〉跋》一文中指出：“不仅可能而且毋庸置疑的是，当西欧各民族的无产阶级取得胜利和生产资料转归公有之后，那些刚刚进入资本主义生产而仍然保全了氏族制度或氏族制度残余的国家，可以利用公有制的残余和与之相适应的人民风尚作为强大的手段，来大大缩短自己向社会主义社会发展的过程，并避免我们在西欧开辟道路时所不得不经历的大部分苦难和斗争。”

19 世纪末 20 世纪初，资本主义从自由竞争阶段进入垄断阶段，垄断组织的迅速发展，加剧了资本主义各国之间经济政治发展的不平衡。列宁以一个真正马克思主义者的态度，深刻分析了世界历史条件的变化，认为资本主义发达国家已经发展到帝国主义阶段，出现了马克思、恩格斯生前不曾有的新变化、新特点，经济政治发展的不平衡已成为资本主义发展的绝对规律。除无产阶级和资产阶级的矛盾外，帝国主义和殖民地半殖民地国家的民族矛盾成为资本主义世界的又一重大矛盾。由此，他科学地剖析了帝国主义的经济基础、深刻矛盾和统治危机，提出了社会主义革命可能在一国或数国首先发生并取得胜利的论断，把马克思主义发展到列宁主义阶段。正是在列宁主义指引之下，十月社会主义革命取得了伟大胜利。

思想统一是政治统一、行动统一的基础。马克思主义政党离不开与时俱进的科学理论指导，党的领导核心的确立与党的理论创新是统一的，是两位一体的。党的领导核心都是党的创新理论的主要创立者，都为党的创新理论作出了决定性贡献；党的创新理论都对党的领导核心作用的发挥起了重大支撑作用，两者相互联系、相互促进，相辅相成、相得益彰。“两个确立”对于统一思想认识、明确前进方向、凝聚奋进力量，具有重大现实意义和深远历史意义。

第四节　“两个确立”是对国际共产主义运动历史经验的深刻总结

国际共产主义运动是为大多数人谋利益的运动，是人类历史上最伟大最进步的社会运动。170 多年来，国际共产主义运动波澜壮阔，对人类社会进步作出了重要贡献，极大地改变了世界面貌，深刻影响了世界历史的发展进程。各国共产党在推动国际共产主义运动向前发展的同时，也积累了丰富的历史经验和值得吸取的深刻教训。其中，至关重要的两条，就是必须坚持无产阶级政党的领导，形成和维护坚强有力的领导核心；必须坚持马克思主义科学理论的指导，把马克思主义基本原理与各国具体实际和时代特点相结合。

一、国际共产主义运动兴起和蓬勃发展的历史经验

国际共产主义运动是伴随着马克思主义与工人运动相结合而产生的，以 1847 年共产主义者同盟的建立和 1848 年《共产党宣言》的发表为开端，走过了 170 多年的光辉历程。一部国际共产主义运动史，是一代又一代无产阶级及其政党为实现共产主义远大理想战胜重重困难、经历曲折考验、取得辉煌成就的历史，是科学社会主义理论与实践在探索中前进、逐步成熟与不断发展的历史。170 多年前在欧洲游荡的共产主义“幽灵”，随着科学社会主义理论的广

泛传播，如今已磅礴于全球；作为一种理论预见的科学社会主义，今天已发展成为现实的社会制度。

19 世纪 40 年代起，资本主义基本矛盾及其他矛盾日益显露，无产阶级和资产阶级的斗争不断发展，工人运动开始与马克思主义相结合发展成为共产主义运动；无产阶级政党及其国际组织纷纷建立，无产阶级在实践中开展了夺取政权的尝试。马克思主义在工人运动中得到广泛传播，并开始了由理论到实践、又由实践到理论的转变和不断丰富发展的过程。

1847 年 6 月，共产主义者同盟成立；1848 年 2 月，马克思和恩格斯在为共产主义者同盟起草的纲领的基础上写成《共产党宣言》并正式发表，开启了国际共产主义运动的新纪元。1848 年爆发了欧洲革命，国际共产主义运动史上无产阶级反对资产阶级的革命斗争出现第一次高潮，但革命很快遭到欧洲反动势力镇压，工人运动和社会主义运动也由此走向低潮。马克思和恩格斯认真总结欧洲革命的经验，进一步丰富发展了无产阶级革命的理论。他们提出，革命是历史的火车头，是社会发展的巨大推动力量；必须坚持不断革命思想，适时把资产阶级革命转变为无产阶级革命；无产阶级必须推翻资产阶级的统治，建立无产阶级专政；无产阶级领导的工农联盟是革命胜利的重要条件；无产阶级在资产阶级革命中必须坚持正确的斗争策略；等等。

19 世纪 60 年代，随着无产阶级力量的日益壮大，工人运动重新高涨。在马克思和恩格斯的指导下，国际工人协会于 1864 年成立，史称第一国际。马克思是第一国际的灵魂和实际领导者。在第一国际期间，无产阶级的觉悟水平和斗争水平不断提高，各国无产阶级在更广泛的范围实现联合，共产主义运动的影响从西欧扩展到东欧、美洲的十几个国家。同时，在马克思的领导下，第一国际内部还开展了反对蒲鲁东主义、工联主义和巴枯宁主义等各种非马克思主义思潮的斗争。这些斗争，丰富和发展了科学社会主义的革命和国家学说。

1871 年，巴黎公社革命爆发。这是人类历史上无产阶级推翻资产阶级统治、创立新型民主国家、实行无产阶级专政的第一次英勇尝试。马克思和恩格斯深刻总结巴黎公社的经验教训，进一步发展了无产阶级革命和无产阶级专政的学说。马克思在《法兰西内战》中深刻论述了一系列科学社会主义的基本原理：无产阶级革命成功并保住胜利果实的首要条件是无产阶级要有革命的武装；必须打碎旧的国家机器，建立无产阶级的国家机器；无产阶级专政的国家是为人民服务的机关，机关工作人员是人民的公仆；必须建立无产阶级的革命政党，发挥党的政治领导作用。

19 世纪 70 年代，各国工人运动迅速高涨并蓬勃发展起来，范围不断扩大，运动的规模、斗争的激烈程度、斗争的内容和方式都有了很大提高。工人运动的发展促使马克思主义广泛传播，并在工人运动中确立了主导地位。为推动工人运动健康发展，马克思、恩格斯和各国马克思主义者与各种资产阶级、小资产阶级思潮以及其他非科学社会主义进行了坚决斗争，进一步扩大了马克思主义的影响。1875 年，马克思写下著名的《哥达纲领批判》，通过批判拉萨尔主义教条，系统阐述了未来共产主义社会的阶段划分和基本特征，这对于科学社会主义理论的系统化具有关键性意义。

随着欧美工人运动的迅猛发展和无产阶级政党的纷纷建立，无产阶级新的国际组织即第二国际于 1889 年 7 月应运而生。第二国际前期在捍卫和传播马克思主义，组织、积聚革命力量，团结教育无产阶级，开展反对资本主义和军国主义斗争，加强无产阶级的国际主义团结等方面都做了大量工作，有力推动了国际工人运动和共产主义运动的发展。在第二国际后期，由于对时代和无产阶级革命道路等重大问题的认识发生分歧，第二国际内部出现了伯恩施坦修正主义，并逐渐占据主导地位。1914年7月，第一次世界大战爆发，第二国际各党大多数右派领导人蜕化为社会沙文主义者，站在本国政府立场上支持帝国主义战争，第二国际在政治上宣告破产。

这一阶段的国际共产主义运动，既有高歌猛进，又有坎坷曲折。历史证明，是否拥有深孚众望的革命领袖，是否形成坚强有力的领导核心，对于国际共产主义运动克服各种艰难险阻、夺取革命

1871 年 3 月 18 日，法国巴黎爆发了震惊世界的工人革命，建立起世界上第一个无产阶级性质的政权——巴黎公社。同年 5 月底，英雄的巴黎公社被凡尔赛军镇压下去。恩格斯深刻指出：“巴黎公社遭到灭亡，就是由于缺乏集中和权威。”（新华社发）

胜利，至关重要。在国际共产主义运动中，马克思始终站在革命斗争最前沿，领导创建了世界上第一个无产阶级政党——共产主义者同盟，领导了世界上第一个国际工人组织——国际工人协会，热情支持世界上第一次无产阶级夺取政权的革命——巴黎公社革命，满腔热情、百折不挠推动各国工人运动发展。1883 年马克思逝世后，恩格斯众望所归地成为国际工人运动的领袖，他坚持捍卫马克思主义，指导和推动国际共产主义运动继续向前发展。

马克思是全世界无产阶级和劳动人民的革命导师，是马克思主义的主要创始人，是马克思主义政党的缔造者和国际共产主义的开创者，是近代以来最伟大的思想家。两个世纪过去了，人类社会发生了巨大而深刻的变化，但马克思的名字依然在世界各地受到人们的尊敬，马克思的学说依然闪烁着耀眼的真理光芒！

——习近平：《在纪念马克思诞辰 200 周年大会上的讲话》（2018 年 5 月 4 日）

19 世纪末 20 世纪初，世界历史进入帝国主义和无产阶级革命时代，帝国主义使资本主义的各种矛盾进一步激化，战争与革命成为时代主题。20 世纪初，俄国首先成为资本主义统治链条上最“薄弱环节”和各种矛盾的焦点，俄国不断爆发工人、农民反对沙皇政府的抗议斗争。俄国工人运动的发展，迫切需要一个坚强有力的无产阶级政党来领导。

列宁把马克思主义与俄国革命实践相结合，创立了新型无产阶级的建党学说，缔造了不同于第二国际各党的新型无产阶级政党——布尔什维克党。1895 年和 1896 年，列宁起草了《社会民主党纲领草案及其说明》，这是俄国无产阶级的第一个建党纲领草案及其说明。在这个纲领草案及其说明中，列宁写道，俄国工人阶级争取自身解放的斗争是政治斗争，其首要任务是争得政治自由。俄国社会民主党的任务是帮助工人阶级争取彻底解放的斗争，方法是提高工人的阶级自觉，促使他们组织起来，把国家政权从资本和土地占有者手中夺过来，转到无产阶级手中。1901 年秋至 1902 年 2 月，列宁写出《怎么办?》一书，系统阐述了无产阶级的建党学说：必须建立一个集中统一的无产阶级政党；党是无产阶级的先锋队；党必须以马克思主义先进理论为指导；党是无产阶级组织的最高形式；党是无产阶级有组织的部队。列宁认为，无产阶级革命政党应该是牢固的、集中统一的、既广大而又严密的组织，党应当有统一意志、统一行动和统一纪律。列宁的建党学说，丰富和发展了马克思主义关于建立无产阶级政党的思想，适应了帝国主义和无产阶级革命新时代的要求，把马克思主义建党学说推进到一个新阶段。

列宁在创立无产阶级政党的建党学说的同时，为建立俄国无产阶级政党进行了具体的组织领导工作。1895 年，列宁把分散在彼得堡的 20 多个马克思主义小组统一起来，组成彼得堡工人阶级解放斗争协会。作为建党的第一步，这个协会成为俄国无产阶级政党的雏形。在列宁的积极推动下，1898 年 3 月，来自彼得堡、莫斯科、基辅等地工人组织的代表 9 人，在明斯克秘密召开了俄国社会民主工党第一次代表大会，宣告了俄国社会民主工党的诞生。但是，由于列宁和其他一些马克思主义者或被流放或身陷囹圄，未能出席这次会议。因而，大会没有制定出统一的党纲、党章，没有实现思想上和组织上的统一，更没有形成中央的统一领导。

为了促进统一的无产阶级政党的建立，列宁进行了大量思想工作、政治工作、组织工作。1900 年，列宁创办《火星报》，对民众进行思想宣传，开展政治动员，大大推进了俄国无产阶级的建党工作。1903 年，列宁组织召开俄国社会民主工党第二次代表大会，大会确立了党纲的基本原则，明确把无产阶级专政作为党的基本任务。这是在马克思、恩格斯逝世后，国际共产主义运动史上通过的第一个以争取无产阶级专政为基本任务的革命纲领。在讨论党章时，列宁坚决反对马尔托夫等人的错误主张，坚持党章必须明确规定党员必须参加党的组织，使党成为有组织、有纪律的队伍，成为集中统一的无产阶级战斗司令部。在表决中央委员会和党中央机关报《火星报》编委会人选时，以列宁为首的革命派获得多数，被称为布尔什维克（俄文音译，意即多数派）；而马尔托夫一派只占少数，被称为孟什维克（俄文音译，意即少数派）。布尔什维克掌握了俄国社会民主工党中央的领导权，标志着俄国新型无产阶级政党的诞生。

俄国社会民主工党第二次代表大会后，孟什维克拒不服从代表大会的决议，继续进行分裂活动。为了反击孟什维克的分裂活动，列宁采取一系列措施，巩固了布尔什维克党在俄国社会民主工党各地方委员会中的领导地位。1910—1911 年，俄国出现了新的革命高潮，但孟什维克仍然坚持其机会主义的方针，进行分裂活动，阻碍俄国革命的发展。1912 年，布尔什维克在布拉格召开了俄国社会民主工党第六次代表大会，通过了将孟什维克开除出党的决议。从此，布尔什维克党与孟什维克在组织上彻底决裂，布尔什维克党正式成为独立的马克思主义政党。在列宁和布尔什维克党的领导下，俄国无产阶级充满信心地向社会主义革命的方向昂首阔步前进。

二、十月革命伟大胜利的根本保障

十月革命是国际共产主义运动中一个国家建立社会主义制度的第一次成功实践。列宁在纪念十月革命四周年时深刻指出，“这第一次胜利还不是最终的胜利”，但“我们已经开始了这一事业。至于哪一个国家的无产者在什么时候、在什么期间把这一事业进行到底，这个问题并不重要。重要的是，坚冰已经打破，航路已经开通，道路已经指明”。十月革命深刻改变了人类历史发展进程，像灯塔一样影响和鼓舞世界无产阶级革命进入了波澜壮阔的崭新时代。

20世纪初的沙皇俄国，是一个落后的军事封建帝国主义国家，存在着垄断资产阶级同无产阶级的矛盾、沙皇专制制度和农奴制残余同人民大众的矛盾、大俄罗斯民族同各少数民族的矛盾、俄国帝国主义同其他帝国主义国家的矛盾，以及它同殖民地、半殖民地国家的矛盾。列宁指出：“资本主义的发展在各个国家是极不平衡的。而且在商品生产下也只能是这样。由此得出一个必然的结论：社会主义不能在所有国家内同时获得胜利。它将首先在一个或者几个国家内获得胜利，而其余的国家在一段时间内将仍然是资产阶级的或资产阶级以前的国家。”他还说：“社会主义革命不是一次行动，不是一条战线上的一次会战，而是充满着激烈的阶级冲突的整整一个时代，是在一切战线上，也就是说，在经济和政治的一切问题上进行的一系列的会战，这些会战只有通过剥夺资产阶级才能完成。”列宁的“一国胜利论”极大地武装了无产阶级并激发了他们的首创精神，鼓舞无产阶级利用帝国主义战争造成的危机，不失时机地发动革命，夺取胜利。

第一次世界大战的爆发，进一步激化了俄国的社会矛盾，战争使俄国国民经济遭到严重破坏，土地荒芜、粮价暴涨、物资奇缺，人民生活极端痛苦。1917 年 3 月 3 日，彼得格勒 6 万多名工人举行罢工。12 日（俄历 2 月 27 日），罢工转变为武装起义。最终，统治俄国 300 多年的罗曼诺夫王朝被推翻。革命后，出现了资产阶级临时政府和工兵代表苏维埃两个政权并立的局面，二月革命的成果实际上落入资产阶级手中。在俄国革命处于十字路口的关键时刻，列宁结束了长期的流亡生活，于 1917 年 4 月 16 日回到俄国。次日，他发表了著名的《四月提纲》。列宁分析了俄国无产阶级与资产阶级的力量对比，明确指出俄国当时形势的特点是从革命的第一阶段向革命的第二阶段过渡，沙皇制度推翻以后必须进而实现社会主义革命，而不能仅仅停留和满足于资产阶级民主革命，这就在历史发展的关键时刻，为俄国革命指明了方向。

1917 年八九月，列宁写出名著《国家与革命》，深刻批判了第二国际机会主义对马克思主义国家学说的歪曲，捍卫和发展了无产阶级革命和无产阶级专政的理论，为俄国革命提供了及时的思想指导。面对武装起义的时机日趋成熟，在历史的重要转折关头，列宁迅速作出了判断和选择。他指出，俄国武装夺取政权的主客观条件已经成熟，如果错过这样的时机，“历史是不会饶恕我们的”。1917 年 11 月 6 日下午，在列宁的推动和指导下，武装起义开始。7 日（俄历 10 月 25 日）晚 9 点 40 分，停泊在涅瓦河上的阿芙乐尔号巡洋舰发出了攻打冬宫的炮声，起义群众很快就占领了冬宫，逮捕了最后一届临时政府的部长。与此同时，全俄苏维埃第二次代表大会在斯莫尔尼宫召开，宣告推翻资产阶级临时政府，建立苏维埃政府。随后革命迅速向全国发展，到 1918 年春，苏维埃政权基本掌握了全国的局势。

十月革命开辟了人类历史的新纪元，实现了社会主义从理想到现实、从理论到实践的伟大飞跃。在列宁和布尔什维克党的领导下，在列宁主义的指导下，俄国人民将资产阶级的民主革命转变为社会主义革命，通过武装斗争，打碎旧的资产阶级国家机器，取得了震撼世界的十月社会主义革命的伟大胜利，建立了无产阶级专政的苏维埃制度。在十月革命的影响下，社会主义成为许多国家赢得民族独立、解放和发展的重要选择，一些国家先后走上社会主义道

作为十月革命的纪念舰、永久性停泊在俄罗斯圣彼得堡市彼得格勒码头的阿芙乐尔号巡洋舰（2010 年 5 月 11 日摄）。（新华社发）

路，世界上近三分之一的人口一度生活在社会主义制度下，社会主义力量大大增强，打破了资本主义的一统天下，成为维护世界和平发展的中坚力量。

十月革命的胜利，离不开列宁的坚强领导，离不开列宁主义的科学指导。列宁是布尔什维克党的创始人、十月革命的主要领导人、世界上第一个社会主义国家的主要缔造者。列宁主义科学地回答了在世界资本主义由自由竞争阶段进入垄断阶段，“资本主义向何处去、无产阶级革命向何处去”的时代课题，创造性地以“一国胜利论”坚持和发展了马克思主义关于社会主义革命的学说，为十月革命的胜利提供了科学理论指导。在二月革命后，俄国革命处于十字路口的关键时刻，列宁以无与伦比的胆略和气魄，果断作出正确决策，明确指出推翻沙皇制度以后必须进而实现社会主义革命，而不能仅仅停留和满足于资产阶级民主革命，为俄国革命指明了方向。列宁亲自领导了彼得格勒武装起义，推翻了资产阶级临时政府，宣告无产阶级掌握了国家政权。十月革命胜利的历史表明，无产阶级政党取得革命胜利，必须有坚强的领导核心，必须有科学理论的指导。

本章小结

确立领导核心和指导思想，是马克思主义政党的重要原则，是国际共产主义运动的宝贵经验。正是因为有马克思、恩格斯和马克思主义，才有国际共产主义运动的兴起，才有后来马克思主义政党在世界范围内如雨后春笋般建立和发展起来；正是因为有列宁和列宁主义，才有俄国十月革命的成功，才有世界上第一个社会主义国家的建立。历史充分证明，马克思主义政党有杰出领袖掌舵，有科学理论指引，才能实现钢铁般团结统一，才能攻坚克难，不断取得胜利。

思考题

1. 如何从马克思主义基本原理看确立和维护坚强领导核心、坚持科学理论指导的重大意义?

2. 如何从国际共产主义运动史看确立和维护坚强领导核心、坚持科学理论指导的重大意义?

第二章

Chapter Two

“两个确立”高度凝练了中国共产党百年奋斗的最重要历史经验

中国共产党是领导我们事业的核心力量。历史和现实都证明：没有中国共产党，就没有新中国，就没有中华民族伟大复兴；领导中国人民夺取革命胜利、治理好我们这个世界上最大的马克思主义政党和14亿多人口的大国，必须坚持党的全面领导特别是党中央集中统一领导；马克思主义是我们立党立国、兴党兴国的根本指导思想，拥有马克思主义科学理论的指导，是我们党坚定信仰信念、把握历史主动的根本所在。

第一节　中国共产党的领导是历史和人民的选择

办好中国的事情，关键在党。中国人民和中华民族之所以能够扭转近代以来的历史命运、取得今天的伟大成就，最根本的在于中国共产党的坚强领导。中华民族近代以来180多年的历史、中国共产党成立以来100多年的历史、中华人民共和国成立以来70多年的历史都充分证明，历史和人民选择了中国共产党。

一、党的领导开辟了实现中华民族伟大复兴的正确道路

实现中华民族伟大复兴始终是近代以来中国人民最伟大的梦想。为了实现这个伟大梦想，无数志士仁人前仆后继、不懈探索，寻找救国救民道路，却在很长时间内都抱憾而终。只有在中国共产党的领导下，中国人民才成功开辟了实现中华民族伟大复兴的正确道路。

中华民族是世界上伟大的民族，有着5000多年源远流长的文明历史，为人类文明进步作出了不可磨灭的贡献。但是，历史的脚步进入近代以后，中国却落伍了。自17世纪中叶开始，西方一些国家先后爆发资产阶级革命，并相继完成工业革命，在新的生产方式推动下迅速强大起来。资产阶级经过血与火的原始积累和殖民掠夺，“在它的不到一百年的阶级统治中所创造的生产力，比过去一切世代创造的全部生产力还要多，还要大”。当时清王朝统治者对世界大势茫然不知，仍然沉醉于“天朝上国”的迷梦之中，将中国

以外的国家一概视为“夷狄”，把西方先进的科技成果斥为“奇技淫巧”，不屑一顾。到19世纪三四十年代，清王朝由盛而衰的颓势愈加明显，政治腐败，军备废弛，财政拮据，社会动荡，陷入危机四伏的境地。

落后就要挨打。1840年，英国发动侵略中国的鸦片战争，用炮舰轰开中国的大门。1842年8月，英军直逼南京城下，迫使清政府签订了中国近代历史上第一个丧权辱国的不平等条约——中英《南京条约》。鸦片战争后，中华大地一直笼罩在列强侵华战争的硝烟之中。几乎所有的西方列强都参与了对中国的侵略和掠夺。几十年间，这些国家对中国不断加强军事、政治、经济和文化等方面的侵略，通过一个比一个苛刻的不平等条约，强迫中国割地、赔款，贪婪地攫取在中国的种种特权。英国割去香港岛，日本侵占台湾，沙皇俄国攫夺中国东北、西北大片领土；列强还勒索中国政府赔款，仅支付战争赔款一项，中国就损失白银十几亿两，而当时清政府每年的财政收入不过8000多万两白银。西方列强通过这些不平等条约在中国取得许多重要特权，如设立港口、租界，开矿设厂，修筑铁路，设立银行、商行，建造教堂，驻扎军队，划分势力范围，享有领事裁判权和片面最惠国待遇，等等。数以百计的条约、章程、专条，像一张张无所不至的巨网，从政治、经济、军事、文化等各个方面束缚着中国，使中国寸步难行，而西方列强则据此为所欲为。他们控制中国的通商口岸、海关、对外贸易、交通运输，大量倾销其商品，把中国变成产品销售市场和榨取原料的基地。与此同时，在帝国主义和封建主义的双重压迫下，中国的广大人民，尤其是农民，日益贫困化以至大批破产，过着饥寒交迫和毫无政治权利的生活。由于西方列强入侵和封建统治腐败，中国逐步成为半

1842 年 8 月 29 日，清朝政府派钦差大臣与英国代表在南京签订了结束鸦片战争的丧权辱国的中英《南京条约》，条约共 13 款，主要内容有：割让香港岛，向英国赔款 2100 万银元等。从此，中国逐步成为半殖民地半封建社会。后人称这一天为国耻日。这是中英签订《南京条约》的图画。（新华社发）

殖民地半封建社会，中华民族遭受了前所未有的劫难。

鸦片战争以后，实现中华民族伟大复兴成为中华民族最伟大的梦想；争取民族独立、人民解放和实现国家富强、人民幸福，成为中国人民的历史任务。面对严重的民族危机和深刻的社会危机，中国人民奋起反抗，仁人志士奔走呐喊，进行了可歌可泣的斗争。

1851 年洪秀全等发动的太平天国运动，是中国旧式农民战争的高峰。1898 年至 1900 年兴起的义和团运动，是一场震撼中国大地、以农民为主体的反帝爱国运动。他们英勇的斗争给予外国侵略者和本国封建统治者以有力的打击。但是，农民作为小生产者，并不代表新的生产力和生产关系，不可能找到中国实现独立和富强的正确道路，他们的斗争不能不以失败而告终。

清朝晚期，地主阶级中的洋务派提出“自强”“求富”的口号，主张“中学为体，西学为用”，企图在维护中国腐朽的封建主义社会制度和伦理原则的前提下，引进西方资本主义国家新的军事和生产技术，而这两者是不相容的。1894 年至 1895 年中日甲午战争中清政府的惨败，宣告了洋务运动的破产。

19 世纪 90 年代至 20 世纪初，民族资产阶级逐渐发展起来，中国由此产生了一批主张进行资产阶级式的改良、革新的人物。1898 年，以康有为、梁启超、谭嗣同等为主要代表的资产阶级维新派，在中国掀起了一场变法维新运动，史称戊戌变法。维新派主张仿效西法，在中国建立君主立宪的政治体制，让资产阶级参与政权，实施资产阶级性质的改良，以推动中国资本主义经济、文化的发展。但是，他们的力量太小了，仅仅依靠一个没有实权的皇帝，企图推行自上而下的渐进改良。当慈禧太后发动政变，光绪皇帝被幽禁之时，维新运动瞬间夭折。这说明，在半殖民地半封建社会的条件下，依靠封建统治者自上而下地进行带有资产阶级性质的改良，是不可能成功的。

正是由于看清了改良的道路走不通，孙中山率先在中国大地上举起了近代民族民主革命的旗帜。1911 年 10 月爆发的辛亥革命，推翻了清王朝统治，建立了中华民国，结束了统治中国两千多年的君主专制制度。但是，辛亥革命没有改变旧中国半殖民地半封建的社会性质，没有改变中国人民的悲惨命运，没有完成实现民族独立、人民解放的历史任务。以袁世凯为首的北洋军阀，在帝国主义和国内反动势力的支持下，窃取了辛亥革命的果实。袁世凯死后，在帝国主义列强的操纵下，各派军阀互相争斗，中国陷入军阀割据和军阀混战之中。在封建军阀专制统治下，中国在半殖民地半封建社会的深渊中愈陷愈深，“中国迫切需要新的思想引领救亡运动，迫切需要新的组织凝聚革命力量”。

辛亥革命的发生，有着深刻的社会历史背景，是近代以来中国社会矛盾激化和中国人民顽强斗争的必然结果。中华民族是世界上古老而伟大的民族，有着5000多年源远流长的文明历史，为人类文明进步作出了不可磨灭的贡献。1840年鸦片战争以后，西方列强在中华大地上恣意妄为，封建统治者孱弱无能，中国逐步成为半殖民地半封建社会，国家蒙辱、人民蒙难、文明蒙尘，中国人民和中华民族遭受了前所未有的劫难。英雄的中国人民始终没有屈服，在救亡图存的道路上一次次抗争、一次次求索，展现了不畏强暴、自强不息的顽强意志。

从那时起，实现中华民族伟大复兴就成为中华民族最伟大的梦想。

孙中山先生是伟大的民族英雄、伟大的爱国主义者、中国民主革命的伟大先驱。孙中山先生大声疾呼“亟拯斯民于水火，切扶大厦之将倾”，高扬反对封建专制统治的斗争旗帜，提出民族、民权、民生的三民主义政治纲领，率先发出“振兴中华”的呐喊。在孙中山先生领导和影响下，大批革命党人和无数爱国志士集聚在振兴中华旗帜之下，广泛传播革命思想，积极兴起进步浪潮，连续发动武装起义，推动了革命大势的形成。

——习近平：《在纪念辛亥革命110周年大会上的讲话》（2021年10月9日）

十月革命一声炮响，给中国送来了马克思列宁主义。五四运动

1949 年 10 月 1 日，毛泽东同志在天安门城楼上庄严宣告中华人民共和国中央人民政府成立。

促进了马克思主义在中国的传播。在中国人民和中华民族的伟大觉醒中，在马克思列宁主义同中国工人运动的紧密结合中，1921 年 7 月，中国共产党应运而生。中国产生了共产党，这是开天辟地的大事变，中国革命的面貌从此焕然一新。在中国共产党的领导下，中华民族伟大复兴的正确道路得以成功开辟。

为了实现中华民族伟大复兴，中国共产党团结带领中国人民，浴血奋战、百折不挠，创造了新民主主义革命的伟大成就。党团结带领中国人民经过不懈探索，明确了中国革命的性质、对象、任务、动力，提出通过新民主主义革命走向社会主义的两步走战略，制定了新民主主义革命总路线，开辟了农村包围城市、武装夺取政权的革命道路。经过北伐战争、土地革命战争、抗日战争、解放战争，以武装的革命反对武装的反革命，夺取了新民主主义革命的胜利，为实现中华民族伟大复兴创造了根本社会条件。

为了实现中华民族伟大复兴，中国共产党团结带领中国人民，自力更生、奋发图强，创造了社会主义革命和建设的伟大成就。1953 年，党正式提出过渡时期的总路线，即在一个相当长的时期内，逐步实现国家的社会主义工业化，并逐步实现国家对农业、手工业和资本主义工商业的社会主义改造。从 1953 年开始，在党的领导下，对农业、手工业和资本主义工商业的社会主义改造有步骤地向前推进。党领导社会主义革命，消灭在中国延续几千年的封建剥削压迫制度，确立社会主义基本制度，推进社会主义建设，战胜帝国主义、霸权主义的颠覆破坏和武装挑衅，实现了中华民族有史以来最为广泛而深刻的社会变革，实现了一穷二白、人口众多的东方大国大步迈进社会主义社会的伟大飞跃，为实现中华民族伟大复兴奠定了根本政治前提和制度基础。

为了实现中华民族伟大复兴，中国共产党团结带领中国人民，解放思想、锐意进取，开辟了中国特色社会主义道路，创造了改革开放和社会主义现代化建设的伟大成就。改革开放以后，党团结带领中国人民战胜来自各方面的风险挑战，开创、坚持、捍卫和发展中国特色社会主义，实现了从高度集中的计划经济体制到充满活力的社会主义市场经济体制、从封闭半封闭到全方位开放的历史性转变，实现了从生产力相对落后的状况到经济总量跃居世界第二的历史性突破，实现了人民生活从温饱不足到总体小康、奔向全面小康的历史性跨越，为实现中华民族伟大复兴提供了充满新的活力的体制保证和快速发展的物质条件。

为了实现中华民族伟大复兴，中国共产党团结带领中国人民，自信自强、守正创新，统揽伟大斗争、伟大工程、伟大事业、伟大梦想，创造了新时代中国特色社会主义的伟大成就。党的十八大以来，在以习近平同志为核心的党中央坚强领导下，经过全党全国各族人民的团结奋斗，党和国家事业取得了历史性成就、发生了历史性变革，为实现中华民族伟大复兴提供了更为完善的制度保证、更为坚实的物质基础、更为主动的精神力量。

100 多年来，正是因为有了中国共产党的领导，中国从四分五裂、一盘散沙走向了高度统一、民族团结，从积贫积弱、一穷二白走向了全面小康、繁荣富强，从被动挨打、饱受欺凌走向了独立自主、坚定自信；正是因为有了中国共产党的领导，中国仅用几十年时间就走完发达国家几百年走过的工业化历程，创造了经济快速发展和社会长期稳定两大奇迹。今天，在中国共产党的领导下，中华民族巍然屹立于世界东方，向世界展现了一派欣欣向荣的气象。

二、党的领导从根本上改变了中国人民的前途命运

纵观历史，我们党干革命、搞建设、抓改革，都是为了让人民过上幸福生活。正是在党的领导下，彻底改变了近代以后一百多年中国人民积贫积弱、受人欺凌的悲惨命运，中国人民成为国家、社会和自己命运的主人。

近代以后，中国人民深受三座大山压迫，贫困和不自由的程度是世界上所少见的。在经济方面，鸦片战争后，为支付对列强的巨额赔款，同时也为了弥补财政亏空，清政府加重了赋税的征收科派。各级官吏在征收钱粮时往往浮收勒折，横征暴敛，农民的负担更为沉重。鸦片贸易在战后进一步泛滥，导致白银外流、银贵钱贱

的现象更加严重，又额外增加了农民的负担。北洋军阀统治时期，各军阀加剧了对人民的经济掠夺，加上军阀战争造成的破坏，给社会带来无穷的灾难，广大人民陷入水深火热之中。国民党南京政权建立后，对内实行了一整套旨在维护地主阶级、买办资产阶级利益的政策，农村生产萎缩，经济凋敝，天灾人祸不断，广大农民挣扎在饥饿和死亡线上，生活极为痛苦。在政治方面，辛亥革命失败后，北洋军阀加剧了对人民的政治压迫。国民党南京政权建立后，国民党反动派在残酷镇压共产党人和革命群众的同时，还强化为其反动统治服务的国家机器，建立起维护和加强其统治的政治制度，人民群众毫无政治权利可言。在思想文化方面，袁世凯上台后，北洋军阀势力继续利用封建思想禁锢人们的头脑，维护自己的统治。20 世纪 20 年代末，国民党当局开始采取种种办法加强文化专制统治，设立图书杂志审查委员会，袭击进步的文化团体和编辑、出版、排演机构，拘捕、刑讯并秘密杀害革命的作家和文化人。国民党当局还培植一批御用文人，诋毁马克思主义和进步的思想文化。

中国共产党诞生后，在党的领导下，中国人民进行艰苦卓绝的革命斗争，彻底推翻了三座大山，建立了人民当家作主的新中国，亿万中国人民从此成为国家和社会的主人。这一伟大历史事件，从根本上改变了近代以后中国内忧外患、任人宰割的悲惨命运。党领导人民夺取新民主主义革命的胜利，广大人民群众实现了经济、政治上的独立、解放。

新中国成立后，在党的领导下，国民经济得到迅速恢复。经过社会主义革命，完成了生产资料的社会主义改造。此后，经过实施几个五年计划，农业生产条件显著改善，教育、科学、文化、卫生、体育事业有很大发展，人民生活水平有了显著提升。1957 年至1966年，全国高等学校毕业生累计达139.2万人，中等专业学校毕业生累计达211.1万人，分别为1950年至1956年的4.9倍和2.4倍。医疗卫生机构由12万多个增加到20.7万多个，全国城乡的卫生医疗网基本形成。严重危害人民健康的天花、霍乱、血吸虫病、疟疾、鼠疫、麻风病等疾病，或被灭绝，或得到有效防治。为了实现真正意义上的人民当家作主，党领导人民建立起了人民代表大会制度。1954年，第一届全国人民代表大会第一次会议召开，通过了《中华人民共和国宪法》，人民代表大会制度建立起来。在中国实行人民代表大会制度，是中国人民在人类政治制度史上的伟大创

1950年6月，中央人民政府委员会通过和颁布了《中华人民共和国土地改革法》。经过三年时间的努力，到1953年春，土地改革的任务基本完成。全国三亿无地少地的农民分得了约七亿亩土地和其他生产资料。图为土地改革运动期间湖南省岳阳县的农民在焚烧代表封建土地制度关系的地契。（新华社发）

造，是深刻总结近代以后中国政治生活惨痛教训得出的基本结论，是中国社会一百多年激越变革、激荡发展的历史结果，是中国人民翻身作主、掌握自己命运的必然选择。同时，党领导人民还建立了中国共产党领导的多党合作和政治协商制度、民族区域自治制度等基本政治制度，这就为人民当家作主提供了制度保证。

“文化大革命”结束以后，党面临的主要任务是，继续探索中国建设社会主义的正确道路，解放和发展社会生产力，使人民摆脱贫困、尽快富裕起来，为实现中华民族伟大复兴提供充满新的活力的体制保证和快速发展的物质条件。实行改革开放是加快国家发展、改善人民生活的唯一出路。改革开放和社会主义现代化建设的伟大成就举世瞩目，人民生活得到显著改善、人民福祉得到不断提升、人民民主得到不断发展。在党的领导下，我们始终坚持在发展中保障和改善民生，全面推进幼有所育、学有所教、劳有所得、病有所医、老有所养、住有所居、弱有所扶，不断改善人民生活、增进人民福祉。粮票、布票、肉票、鱼票、油票、豆腐票、副食本、工业券等百姓生活曾经离不开的票证已经进入了历史博物馆，忍饥挨饿、缺吃少穿、生活困顿这些几千年来困扰我国人民的问题总体上一去不复返了，中国人民迎来了从温饱不足到总体小康，奔向全面小康的历史性跨越。党始终坚持中国特色社会主义政治发展道路，不断深化政治体制改革，发展社会主义民主政治，党和国家领导体制日益完善，依法治国深入推进，中国特色社会主义法律体系日益健全，人民当家作主的制度保障和法治保障更加有力，人权事业全面发展，爱国统一战线更加巩固，人民依法享有和行使民主权利的内容更加丰富、渠道更加便捷、形式更加多样，掌握着自己命运的中国人民焕发出前所未有的积极性、主动性、创造性，在改革

甘肃省庆阳市镇原县新集镇吴塬村村民张小花（右）和驻村干部在家中交流脱贫后的打算。（新华社记者 陈斌/摄）

开放和社会主义现代化建设中展现出气吞山河的强大力量。

党的十八大以来，中国特色社会主义进入新时代。以习近平同志为核心的党中央团结带领人民，战胜一系列重大风险挑战，解决了许多长期想解决而没有解决的难题，办成了许多过去想办而没有办成的大事，推动党和国家事业取得历史性成就、发生历史性变革。

100多年来，正是因为有了中国共产党，中国人民谋求民族独立、人民解放和国家富强、人民幸福的斗争就有了主心骨，中华民族迎来了从站起来、富起来到强起来的伟大飞跃。中国人民不仅实现了经济上、政治上的独立、解放，而且从精神上由被动转为主动。

在党的领导下，中国人民道路自信、理论自信、制度自信、文化自信显著增强。中国特色社会主义道路是在改革开放 40 多年的伟大实践中走出来的，是在中华人民共和国成立 70 多年的持续探索中走出来的，是在对近代以来 180 多年中华民族发展历程的深刻总结中走出来的，是在对中华民族 5000 多年悠久文明的传承中走出来的，具有深厚的历史渊源和广泛的现实基础。中国特色社会主义理论体系是指导党和人民沿着中国特色社会主义道路实现中华民族伟大复兴的正确理论，是立足时代前沿、与时俱进的科学理论。中国特色社会主义制度是当代中国发展进步的根本制度保障，是具有鲜明中国特色、明显制度优势、强大自我完善能力的先进制度。中国特色社会主义文化，源自中华民族 5000 多年文明历史所孕育的中华优秀传统文化，熔铸于党领导人民在革命、建设、改革中创造的革命文化和社会主义先进文化，植根于中国特色社会主义伟大实践。

“历史发展有其规律，但人在其中不是完全消极被动的。只要把握住历史发展大势，抓住历史变革时机，奋发有为，锐意进取，人类社会就能更好前进。”党领导人民经过艰辛探索，找到了中国革命、建设、改革的规律，从而掌握了历史主动，夺取了革命、建设、改革的伟大胜利。

100 多年来，党领导人民经过波澜壮阔的伟大斗争，彻底摆脱了被欺负、被压迫、被奴役的命运，成为国家、社会和自己命运的主人，中国人民对美好生活的向往不断变为现实。今天，中国人民在历史进程中积累的强大能量充分爆发出来，正在信心百倍地书写着新时代中国发展的伟大历史。

第二节　坚持党中央集中统一领导是党不断取得胜利的根本保证

党的二十大报告指出，“中国共产党是最高政治领导力量，坚持党中央集中统一领导是最高政治原则”。党的百年奋斗历程充分证明，坚持和加强党中央集中统一领导是我们党领导革命、建设与改革不断获得成功的重要经验，也是加强党的建设的一条重要原则。什么时候全党坚定维护党中央权威和集中统一领导，党的事业就不断取得胜利；离开了党中央权威和集中统一领导，党的领导就会弱化，党的事业必然遭受挫折。

一、全党要向中央基准看齐

习近平总书记指出：“保证党的团结统一是党的生命，也是我们党能成为百年大党、创造世纪伟业的关键所在。”党的团结统一首先是政治上的团结统一。毛泽东同志强调：“要知道，一个队伍经常是不大整齐的，所以就要常常喊看齐，向左看齐，向右看齐，向中看齐。我们要向中央基准看齐，向大会基准看齐。看齐是原则，有偏差是实际生活，有了偏差，就喊看齐。”中国共产党在100多年的奋斗历程中，之所以能够不断地从胜利走向胜利，一个重要原因就在于始终要求全党要向中央基准看齐，确保全党思想一致和步调一致，将党中央的理论、路线、方针、政策在实践中不折不扣地贯彻落实。

第一，全党要向中央基准看齐，是党章的内在要求。党章是全党最高的政治行为规范，是管党治党的总章程、总规矩，是中国共产党最根本的党内法规。从党章的发展历程来看，党章的具体内容虽然不断变化，但是全党要向中央基准看齐的要求却是始终不变的。

在新民主主义革命时期，党的一大党纲就指出，“地方委员会的财务、活动和政策，应受中央执行委员会的监督”，明确了地方党组织服从党中央的极端重要性。党的二大党章规定，“区或地方执行委员会及各组均须执行及宣传中央执行委员会所定政策，不得自定政策”，进一步提出“全党要向中央基准看齐”的组织要求。随后通过的三大到五大党章修正案都重申了这些精神。党的六大党章规定了民主集中制的根本原则：“共产国际代表大会或本党代表大会或党内指导机关所提出的某种决议，应无条件的执行，即或某一部分的党员或几个地方组织不同意于该项决议时，亦应无条件的执行。”党的七大党章规定：“党员个人服从所属党的组织，少数服从多数，下级组织服从上级组织，部分组织统一服从中央。”新民主主义革命时期党的章程对全党要向中央基准看齐的严格要求，为我们党夺取新民主主义革命的胜利提供了坚强的组织保障。

新中国成立以后，为了进一步提高全党的凝聚力和战斗力，党的八大党章总纲规定：“反对任何降低党的作用和削弱党的统一的分散主义倾向。”“党的团结和统一，是党的生命，是党的力量的所在。经常注意维护党的团结，巩固党的统一，是每一个党员的神圣职责。在党内不容许有违反党的政治路线和组织原则的行为，不容许有分裂党、进行小组织活动、向党闹独立性、把个人放在党的集体之上的行为。”提出了全党要向中央基准看齐的政治要求。

改革开放以后，为了确保全党向中央基准看齐，邓小平同志在

1980年12月指出:“要通过思想政治工作，加强全党的组织性、纪律性。各级组织、每个党员都要按照党章的规定，一切行动服从上级组织的决定，尤其是必须同党中央保持政治上的一致。这一点在现在特别重要。谁要违反这一点，谁就要受到党的纪律的处分。党的纪律检查工作要把这一点作为当前的重点。”党的十二大党章在总纲提出了“党内充分发扬民主，在民主的基础上实行高度的集中，加强组织性纪律性，保证全党行动的一致，保证党的决定得到迅速有效的贯彻执行”的时代新要求。在第二章“党的组织制度”提出“全党各个组织和全体党员服从党的全国代表大会和中央委员会”的原则。党的十三大、十四大、十五大、十六大、十七大党章都提出了这些原则和要求。

党的十八大以后，在全面加强党中央集中统一领导的背景下，党章更是强调全党要向中央基准看齐的原则要求。党的二十大党章提出:“必须实行正确的集中，牢固树立政治意识、大局意识、核心意识、看齐意识，坚定维护以习近平同志为核心的党中央权威和集中统一领导，保证全党的团结统一和行动一致，保证党的决定得到迅速有效的贯彻执行。”可见，严格按照党章的要求，遵从党中央号令，向党中央基准看齐，一切行动听指挥，不仅是民主集中制的一条重要原则，也是全体党员应尽的义务。

第二，全党要向中央基准看齐，是维护党的团结的必要条件。党的团结是党的生命。党的百年历史鲜明昭示:党的团结不仅是党领导革命、建设和改革取得成功的重要保证，也是党对每个党员的政治要求。毛泽东同志说过:“一种是党内的团结，一种是党同人民的团结。这些就是战胜艰难环境的无价之宝，全党同志必须珍爱这两个无价之宝。”

新民主主义革命时期，我们党高度重视维护党的团结。遵义会议后，开始形成以毛泽东同志为核心的党的第一代中央领导集体。针对长征途中张国焘的分裂主义和全民族抗战初期王明破坏党的团结的严重错误，我们党进行了坚决斗争，有效维护和巩固了党的团结统一。1941 年 7 月《中央关于增强党性的决定》明确强调：“要求全党党员和党的各个组成部分都在统一意志、统一行动和统一纪律下面，团结起来，成为有组织的整体……要求全党党员，尤其是干部党员更加增强自己党性的锻炼，把个人利益服从于全党的利益，把个别党的组成部分的利益服从于全党的利益，使全党能够团结得像一个人一样。”

1945 年 4 月，党的扩大的六届七中全会原则通过的《关于若干历史问题的决议》指出：全党“在毛泽东同志领导下，在思想上、

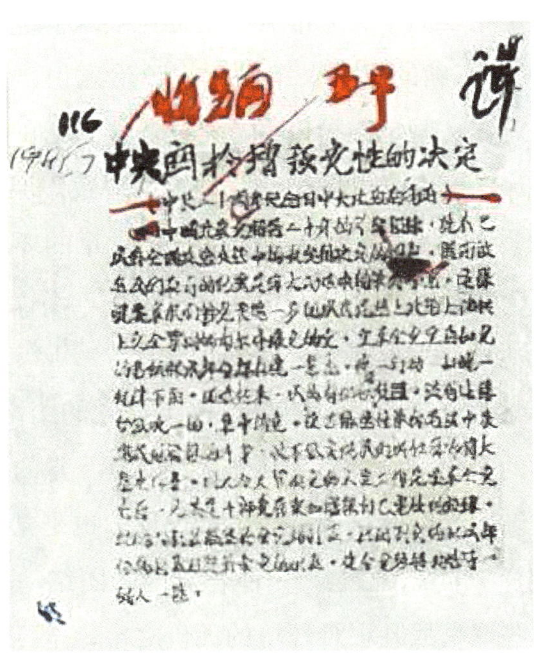

1941 年 7 月 1 日，中共中央政治局通过的《中央关于增强党性的决定》(部分)。

政治上、组织上、军事上，第一次达到了现在这样高度的巩固和统一”。正因为有了全党在党中央基准下的团结统一，才能顺利取得新民主主义革命的伟大胜利，使得一个崭新的中国屹立在世界的东方。

社会主义革命和建设时期，为了进一步巩固党的团结，1954年2月，党的七届四中全会讨论通过了《关于增强党的团结的决议》，强调“党的团结的利益高于一切，因此应当把维护和巩固党的团结作为指导自己言论和行动的标准”，规定了增强党的团结的六条具体措施。向党中央基准看齐全面加强了党的团结统一，我们党带领人民群众取得社会主义革命和建设的伟大成就，为新中国的全面进步打下了坚实的基础。

改革开放和社会主义现代化建设新时期，党在全面推进改革开放的伟大变革实践中进一步增强党的团结统一。邓小平同志强调：“巩固我们党的团结，维护我们党的统一，这不但是我们党的利益，也是全国人民的利益。”1981年6月，党的十一届六中全会通过的《关于建国以来党的若干历史问题的决议》，再次强调向党中央基准看齐，全面巩固了党的团结统一。

中国特色社会主义进入新时代，党面临新形势和新任务，党中央高度重视维护党的团结统一。习近平总书记强调：“党面临的形势越复杂、肩负的任务越艰巨，就越要加强纪律建设，越要维护党的团结统一”。在以习近平同志为核心的党中央坚强领导下，全党在党中央的基准下达到了新的团结，党的凝聚力和战斗力显著增强。2021年11月，党的十九届六中全会通过的《中共中央关于党的百年奋斗重大成就和历史经验的决议》明确提出：“加强和维护党中央集中统一领导是全党共同的政治责任”。

第三，全党要向中央基准看齐，是确保党的事业不断走向胜利的重要保证。全党向中央基准看齐，保证党中央集中统一领导是党的优良传统，也是党能够战胜各种艰难险阻、成就百年伟业的宝贵经验。

遵义会议后，在正反两方面经验的对比中，全党深刻认识到向中央基准看齐对党的事业不断走向胜利的极端重要性。1938 年 11 月，党的六届六中全会制定《关于中央委员会工作规则与纪律的决定》《关于各级党部工作规则与纪律的决定》等党内法规，明确提出:“个人服从组织，少数服从多数，下级服从上级，全党服从中央，党的一切工作由中央集中领导，是党在组织上民主集中制的基本原则，各级党的委员会的委员必须无条件的执行，成为一切党员与干部的模范。”1942 年 9 月，《中共中央关于统一抗日根据地党的领导及调整各组织间关系的决定》针对在一些地区存在着“统一精神不足，步伐不齐，各自为政”等削弱党的战斗力的不良现象，明确提出“每个根据地的领导一元化”组织要求，有力维护了党中央权威和集中统一领导，为抗日战争胜利提供了有力保证。解放战争进入关键时期，为克服党内和军队内部的无纪律无政府状态，1948 年 9 月，《中共中央关于各中央局、分局、军区、军委分会及前委会向中央请示报告制度的决议》对各项工作中的决定权和请示报告制度作了明确详细的规定。请示报告制度在全党全军普遍建立起来，进一步从规章制度上保证了党中央的集中统一领导，为解放战争的胜利提供了坚强组织保证。

新中国成立后，为了通过党中央集中统一领导来推动党和国家事业的快速发展，1949 年 11 月，中共中央作出《关于在中央人民政府内组织中国共产党党委会的决定》和《关于在中央人民政府内建立中国共产党党组的决定》，强调“凡党中央一切有关政府工作的决定，必须保证执行，不得违反”。1953 年 3 月，中共中央印发《关于加强中央人民政府系统各部门向中央请示报告制度及加强中央对于政府工作领导的决定（草案)》，规定：“为了使政府工作避免脱离党中央领导的危险，今后政府工作中一切主要的和重要的方针、政策、计划和重大事项，必须经过党中央的讨论和决定或批准。”1956 年大规模的社会主义建设开始后，毛泽东同志提出：“为了建设一个强大的社会主义国家，必须有中央的强有力的统一领导，必须有全国的统一计划和统一纪律，破坏这种必要的统一，是不允许的。”坚持党中央的集中统一领导，为社会主义革命和建设时期取得伟大成就提供了坚强保证。

在改革开放和社会主义现代化建设新时期，邓小平同志指出：“最重要的就是全党服从中央……任何人如果严重破坏这一条，各级党组织和各级纪律检查委员会就必须对他严格执行纪律处分”。1980 年 2 月，党的十一届五中全会通过的《关于党内政治生活的若干准则》明确指出：“全党服从中央，是维护党的集中统一的首要条件，是贯彻执行党的路线、方针、政策的根本保证。”1992 年 10 月，党的十四大对维护党中央权威和集中统一领导作了具体规定，要求“每个党员特别是领导干部，都要自觉维护党的团结和中央的权威，在思想上政治上同中央保持一致。决不允许有任何破坏和分裂党的行为存在”。2002 年 11 月，党的十六大指出：“党和国家的集中统一，是全国各族人民的根本利益所在。在指导思想和路线方针政策以及重大原则问题上，全党全国必须保持高度一致。全党同志必须自觉坚持个人服从组织、少数服从多数、下级组织服从上级组织、全党服从党的全国代表大会和中央委员会的原则，坚决维护中央权威，保证中央的政令畅通。”正因为在改革开放和社会主义现代化建设新时期，一直强调全党向中央基准看齐，确保全党思想和步调一致，才能确保中国特色社会主义沿着正确的道路阔步前进。

中国特色社会主义进入新时代，党中央更是在制度安排上突出全党向中央基准看齐的鲜明导向。习近平总书记指出：“维护中央权威，贯彻落实党的理论和路线方针政策，是政治纪律，是绝对不能违反的。”并把保证全党服从中央、维护党中央权威和集中统一领导作为党的政治建设的首要任务。在以习近平同志为核心的党中央坚强领导下，我们党采取一系列战略性举措，推进一系列变革性实践，实现一系列突破性进展，取得一系列标志性成果，攻克了许多长期没有解决的难题，办成了许多事关长远的大事要事，经受住了来自政治、经济、意识形态、自然界等方面的风险挑战考验，党和国家事业取得历史性成就、发生历史性变革，推动我国迈上全面建设社会主义现代化国家新征程。

二、党一定要有领袖，有领导核心

党的百年历史经验证明，形成坚强的领导核心不仅是中国共产党的建党原则，更是中国共产党在政治上成熟的显著标志。毛泽东同志曾形象生动地说：“一个桃子剖开来有几个核心吗？不，只有一个核心。”邓小平同志强调：“党一定要有领袖，有领导核心。”“领袖就是团结的核心，他本身就是力量。”因为党有个核心，“困难时也能做大事”，“什么乱子出来都挡得住”。拥有坚强的领导核心，党领导的各项事业就能顺利推进；领导核心遭到削弱，党领导的各项事业就会遭受挫折甚至失败。

党的领导核心是在伟大斗争实践中形成的。从 1921 年中国共产党成立到 1935 年遵义会议召开，我们党尚处在幼年时期，对中国革命的特点和规律认识得不深，在政治上不成熟，在相当长的一段时期内，我们党的主要领导人频繁更换，没有形成一个坚强的领导集体和领导核心，导致革命一再遭受严重挫折，使党和红军陷入极端危险的境地。血与火的教训使得共产党人深深认识到，没有一个坚强的领导核心，党和人民的事业就会饱受挫折。

1935 年 1 月，中央政治局在长征途中举行遵义会议，事实上确立了毛泽东同志在党中央和红军的领导地位，开始确立以毛泽东同志为主要代表的马克思主义正确路线在党中央的领导地位，开始形成以毛泽东同志为核心的党的第一代中央领导集体，开启了党独立自主解决中国革命实际问题新阶段，在最危急关头挽救了党、挽

遵义会议是党的历史上一个生死攸关的转折点。图为 2021 年 5 月 20 日，在党史学习教育深入开展之际，参观者在遵义会议会址参观。（新华社记者　欧东衢 / 摄）

救了红军、挽救了中国革命，并且在这以后使党能够战胜张国焘的分裂主义，胜利完成长征，打开中国革命新局面。这在党的历史上是一个生死攸关的转折点。

邓小平同志指出，“遵义会议以后，毛泽东同志就是我们党的领导核心了”，中国共产党成熟的标志是党的七大，但“作为中央领导，可以说在一九三五年一月遵义会议确立了以毛泽东同志为核心的中央领导时，就成熟了”。1943 年 3 月，中共中央颁布《关于中央机构调整及精简的决定》，明确提出在由毛泽东、刘少奇、任弼时三位同志组成的书记处中，书记处主席毛泽东拥有最后的决定权。同年 10 月 14 日，毛泽东同志在《切实执行十大政策》中指出：“实行一元化的领导很重要，要建立领导核心，反对‘一国三公’。”《关于若干历史问题的决议》指出：“我党终于在土地革命战争的最后时期，确立了毛泽东同志在中央和全党的领导。这是中国共产党在这一时期的最大成就”。

延安整风时期，在学习讨论党的历史路线、明辨思考党的若干历史问题的基本是非过程中，全党高度评价了毛泽东同志的革命功绩和对马克思主义的创造性发展，从而更深刻地认识到确立毛泽东同志核心地位的必然性和必要性。到党的七大，维护毛泽东同志在党中央和全党的领导核心地位，确立毛泽东思想为党的指导思想，成为全党的共识，得到全党衷心拥护。朱德同志曾指出：“在我们党方面，如果没有毛泽东同志的正确领导，如果没有毛泽东思想的指导而不断地纠正了各方面的缺点和错误，就不能使党和人民革命事业得到如此迅速而巨大的发展，则胜利的获得也同样地是很难想象的。”由此可见，正确认识并确立毛泽东同志核心地位，是党和人民在长期奋斗中的巨大成果，是全党的共同选择，是历史的必然。自觉服从与维护党的核心是凝聚全党力量、推动党和人民事业向前发展的根本所在。

1956 年三大改造完成后，我们党领导全国各族人民开始转入大规模的社会主义建设，在曲折中发展，取得了很大的成就。但由于我们党对领导大规模的社会主义建设缺乏足够的思想和理论准备，最终酿成了“文化大革命”十年内乱，使党、国家、人民遭到新中国成立以来最严重的挫折和损失，教训极其惨痛。

“文化大革命”结束以后，在党和国家面临何去何从的重大历史关头，党深刻认识到，只有实行改革开放才是唯一出路，否则我们的现代化事业和社会主义事业就会被葬送。在邓小平同志指导下，1978 年 12 月，党召开十一届三中全会，果断结束“以阶级斗争为纲”，实现党和国家工作中心战略转移，开启了改革开放和社会主义现代化建设新时期，实现了新中国成立以来党的历史上具有深远意义的伟大转折。

党的十一届三中全会以后，邓小平同志始终站在时代要求、国家发展、人民期待的高度，同中央领导集体一起，领导我们党作出一系列重大决策，把改革开放和社会主义现代化建设一步一步推向前进。在领导改革开放的伟大变革实践中，邓小平同志自然而然地成为党的领导核心。

关于党的领导核心，邓小平同志总结道：“任何一个领导集体都要有一个核心，没有核心的领导是靠不住的。”在党的十三届四中全会形成党的第三代中央领导集体后，邓小平同志告诫说：“第一代领导集体的核心是毛主席。因为有毛主席作领导核心，‘文化大革命’就没有把共产党打倒。第二代实际上我是核心。因为有这个核心，即使发生了两个领导人的变动，都没有影响我们党的领导，党的领导始终是稳定的。”1994 年 9 月，党的十四届四中全会通过的《中共中央关于加强党的建设几个重大问题的决定》深刻指出：“党的历史表明，必须有一个在实践中形成的坚强的中央领导集体，在这个领导集体中必须有一个核心。如果没有这样的领导集体和核心，党的事业就不能胜利。这是坚持民主集中制的一个重大问题。”

党的十八大以后，以习近平同志为核心的党中央，以伟大的历史主动精神、巨大的政治勇气、强烈的责任担当，统筹国内国际两个大局，贯彻党的基本理论、基本路线、基本方略，统揽伟大斗争、伟大工程、伟大事业、伟大梦想，坚持稳中求进工作总基调，出台一系列重大方针政策，推出一系列重大举措，推进一系列重大工作，战胜一系列重大风险挑战，解决了许多长期想解决而没有解决的难题，办成了许多过去想办而没有办成的大事，推动党和国家事业取得历史性成就、发生历史性变革。2016 年 10 月，党的十八届六中全会正式确立习近平总书记党中央的核心、全党的核心地位。2017 年 10 月，党的十九大把习近平总书记党中央的核心、全党的核心地位写入党章。2021 年 11 月，党的十九届六中全会作出“两个确立”具有决定性意义的重大政治论断。

百年奋斗历程昭示我们：拥有成熟的领导核心，是中国共产党不断发展壮大并走向成熟的重要标志。正因为我们党在不同的历史时期，能够与时俱进地形成坚强的领导核心，党中央才有权威，全党才有“定盘星”，才能不断地推进党的事业从胜利走向更大胜利。

第三节 拥有马克思主义科学理论指导是党的鲜明政治品格和强大政治优势

中国共产党是用马克思主义武装起来的政党，马克思主义是党的精神旗帜，是党的魂脉，是我们的看家本领。实践告诉我们，中国共产党为什么能，中国特色社会主义为什么好，归根到底是马克思主义行，是中国化时代化的马克思主义行。

一、党的指导思想是党的精神旗帜

旗帜问题至关重要。旗帜就是信仰，旗帜就是方向，旗帜就是形象，旗帜就是力量。习近平总书记指出，党的指导思想是党的精神旗帜，中国共产党是用马克思主义武装起来的政党，背离或放弃马克思主义，我们党就会失去灵魂、迷失方向。马克思主义始终是我们党和国家的指导思想，是我们认识世界、把握规律、追求真理、改造世界的强大思想武器。

在漫长的历史上，探索历史规律、寻求自身解放的道路，一直是人类孜孜以求的目标。在马克思主义诞生之前，人类的这种探索还处于自发阶段。马克思主义的诞生犹如壮丽的日出，照亮了人类探索前行之路。马克思主义是认识世界、改造世界的强大思想武器，是迄今为止最为科学的世界观和方法论，是放之四海而皆准的普遍真理。中国共产党从诞生之日起，就把马克思主义鲜明地写在自己的旗帜上，作为自己的指导思想，从此我们党就有了前进的正确方向。毛泽东同志指出：“主义譬如一面旗子，旗子立起了，大家才有所指望，才知所趋赴。”邓小平同志指出，“对马克思主义的信仰，是中国革命胜利的一种精神动力”，“我们搞改革开放，把工作重心放在经济建设上，没有丢马克思，没有丢列宁，也没有丢毛泽东。老祖宗不能丢啊！”百余年来，中国共产党在风云激荡中高擎马克思主义伟大旗帜，在披荆斩棘中坚定马克思主义信仰，始终坚持和不断发展马克思主义，以真理之光照亮前行之路。可以说，一部中国共产党的历史就是不断推进马克思主义中国化时代化、进行理论创新、高举思想理论伟大旗帜的历史。

回望近代中国，面对山河破碎、亡国灭种的危局，多少主义和主张一一出场，又一一破灭了；多少道路和方式都探索了，又都碰壁了。历经磨难和上下求索，中国人民选择了马克思主义，选择了中国共产党。马克思主义这柄思想火炬熊熊燃起，给黑暗的中国带来光明，给曾经屈辱的民族带来独立振兴的希望。近代以后，尤其是辛亥革命后，仅北京、上海两地就先后成立了具有政党性质的政治组织和政治团体300余个，全国各类团体达680多个，中国共产党只是其中之一，成立之初党员只有50多名。中国共产党之所以能从几百个政党中脱颖而出，从小到大、由弱到强发展壮大起来，一路走到今天，成为在14亿多人口的大国长期执政的大党，领导中国人民迎来了中华民族从站起来、富起来到强起来的伟大飞跃，根本原因就在于有一个科学理论的指导，并且不断创新、与时俱进。继党的一大将马克思列宁主义写到党的旗帜上之后，党的七大又将毛泽东思想写到党的旗帜上。此后，特别是改革开放以来，我们党不断推进马克思主义中国化，不断推进党的理论创新，先后创立邓小平理论，形成“三个代表”重要思想、科学发展观，创立习近平新时代中国特色社会主义思想。党的十五大将邓小平理论写到党的旗帜上，党的十六大将“三个代表”重要思想写到党的旗帜上，党的十八大将科学发展观写到党的旗帜上。党的十九大又把习近平新时代中国特色社会主义思想写到党的旗帜上，实现了党的指导思想的与时俱进，为全面推进强国建设、民族复兴伟业提供了科学思想指导、注入了强大精神动力。百余年来，在马克思主义科学理论指导下，我们党带领中国人民洞察时代大势，把握历史主动，进行艰辛探索，不断推进马克思主义中国化时代化，指导中国人民不断推进伟大社会革命，取得了新民主主义革命、社会主义革命和建设、改革开放和社会主义现代化建设的伟大胜利，开创了中国特色社会主义新时代。

历史和实践证明，马克思主义为中国革命、建设、改革提供了强大思想武器，使中国这个古老的东方大国创造了人类历史上前所

2019 年 9 月 25 日，中国南方航空公司的 CZ3001 次航班从北京大兴国际机场起飞。当日，北京大兴国际机场正式通航。（新华社记者　鞠焕宗 / 摄）

未有的发展奇迹。正是因为在革命、建设和改革进程中坚持和发展马克思主义不动摇，我们党才在错综复杂的形势中始终把握正确方向，使全党有了“共同语言”，铸就了全党全军全国各族人民团结奋斗的共同思想基础，从而战胜了前进征途中的艰难险阻，取得了举世瞩目的历史性成就。历史和人民选择马克思主义是完全正确的，中国共产党把马克思主义写在自己的旗帜上是完全正确的。

二、不断推进实践基础上的理论创新

马克思主义的生命力在于不断创新，推动马克思主义不断发展是中国共产党人的神圣职责。马克思主义不是教条而是行动指南，必须随着实践发展而发展。我们党之所以能够领导人民在一次次求索、一次次挫折、一次次开拓中完成中国其他各种政治力量不可能完成的艰巨任务，根本在于坚持解放思想、实事求是、与时俱进、求真务实，坚持把马克思主义基本原理同中国具体实际相结合、同中华优秀传统文化相结合，坚持实践是检验真理的唯一标准，坚持一切从实际出发，不断推进马克思主义中国化时代化。

第一，毛泽东思想是马克思列宁主义在中国的创造性运用和发展，是马克思主义中国化的第一次历史性飞跃。

中共中央关于党的百年奋斗重大成就和历史经验的决议

中国共产党成立以后，党深刻认识到，近代中国社会主要矛盾是帝国主义和中华民族的矛盾、封建主义和人民大众的矛盾。实现中华民族伟大复兴，必须进行反帝反封建斗争。

在革命斗争中，以毛泽东同志为主要代表的中国共产党人，把马克思列宁主义基本原理同中国具

1945 年 4 月 23 日至 6 月 11 日，中国共产党第七次全国代表大会在陕北小山村——杨家岭召开。毛泽东同志在会上致开幕词和闭幕词，并作了《论联合政府》的政治报告。党的七大确定了党的政治路线，确立毛泽东思想为党的指导思想并写入党章。这是党的七大会场。

体实际相结合，对经过艰苦探索、付出巨大牺牲积累的一系列独创性经验作了理论概括，开辟了农村包围城市、武装夺取政权的正确革命道路，创立了毛泽东思想，为夺取新民主主义革命胜利指明了正确方向。

新中国成立后，毛泽东同志提出把马克思列宁主义基本原理同中国具体实际进行“第二次结合”。以毛泽东同志为主要代表的中国共产党人，结合新的实际丰富和发展毛泽东思想，提出关于社会主义建设的一系列重要思想，包括社会主义社会是一个很长的历史阶段，严格区分和正确处理敌我矛盾和人民内部矛盾，正确处理我国社会主义建设的十大关系等。这些独创性理论成果至今仍然有重要指导意义。

毛泽东思想是马克思列宁主义在中国的创造性运用和发展，是被实践证明了的关于中国革命和建设的正确的理论原则和经验总结，是马克思主义中国化的第一次历史性飞跃。

第二，中国特色社会主义理论体系的形成，实现了马克思主义中国化新的飞跃。

党的十一届三中全会以后，以邓小平同志为主要代表的中国共产党人，团结带领全党全国各族人民，深刻总结新中国成立以来正反两方面经验，围绕什么是社会主义、怎样建设社会主义这一根本问题，借鉴世界社会主义历史经验，创立了邓小平理论，解放思想，实事求是，作出把党和国家工作中心转移到经济建设上来、实行改革开放的历史性决策，深刻揭示社会主义本质，确立社会主义初级阶段基本路线，明确提出走自己的路、建设中国特色社会主

邓小平画像见证深圳经济特区发展历程。（新华社发）

义，科学回答了建设中国特色社会主义的一系列基本问题，制定了到21世纪中叶分三步走、基本实现社会主义现代化的发展战略，成功开创了中国特色社会主义。

党的十三届四中全会以后，以江泽民同志为主要代表的中国共产党人，团结带领全党全国各族人民，坚持党的基本理论、基本路线，加深了对什么是社会主义、怎样建设社会主义和建设什么样的党、怎样建设党的认识，形成了“三个代表”重要思想，在国内外形势十分复杂、世界社会主义出现严重曲折的严峻考验面前捍卫了中国特色社会主义，确立了社会主义市场经济体制的改革目标和基本框架，确立了社会主义初级阶段公有制为主体、多种所有制经济共同发展的基本经济制度和按劳分配为主体、多种分配方式并存的分配制度，开创全面改革开放新局面，推进党的建设新的伟大工程，成功把中国特色社会主义推向21世纪。

党的十六大以后，以胡锦涛同志为主要代表的中国共产党人，团结带领全党全国各族人民，在全面建设小康社会进程中推进实践创新、理论创新、制度创新，深刻认识和回答了新形势下实现什么样的发展、怎样发展等重大问题，形成了科学发展观，抓住重要战略机遇期，聚精会神搞建设，一心一意谋发展，强调坚持以人为本、全面协调可持续发展，着力保障和改善民生，促进社会公平正义，推进党的执政能力建设和先进性建设，成功在新形势下坚持和发展了中国特色社会主义。

改革开放以来，党从新的实践和时代特征出发坚持和发展马克思主义，科学回答了建设中国特色社会主义的发展道路、发展阶段、根本任务、发展动力、发展战略、政治保证、祖国统一、外交和国际战略、领导力量和依靠力量等一系列基本问题，形成中国特色社会主义理论体系，实现了马克思主义中国化新的飞跃。

第三，习近平新时代中国特色社会主义思想是当代中国马克思主义、二十一世纪马克思主义，是中华文化和中国精神的时代精华，实现了马克思主义中国化时代化新的飞跃。

党的十八大以来，以习近平同志为主要代表的中国共产党人，坚持把马克思主义基本原理同中国具体实际相结合、同中华优秀传统文化相结合，科学回答了新时代坚持和发展什么样的中国特色社会主义、怎样坚持和发展中国特色社会主义，建设什么样的社会主义现代化强国、怎样建设社会主义现代化强国，建设什么样的长期执政的马克思主义政党、怎样建设长期执政的马克思主义政党等重大时代课题，创立了习近平新时代中国特色社会主义思想，明确坚持和发展中国特色社会主义的基本方略，提出一系列治国理政新理念新思想新战略，实现了马克思主义中国化时代化新的飞跃。

2022 年 8 月 20 日，在天津举行的世界职业技术教育发展大会首届世界职业院校技能大赛上，参赛选手在实训沙盘前操作机器人设备。（新华社记者　孙凡越 / 摄）

习近平新时代中国特色社会主义思想是对马克思列宁主义、毛泽东思想、邓小平理论、“三个代表”重要思想、科学发展观的继承和发展，是当代中国马克思主义、二十一世纪马克思主义，是中华文化和中国精神的时代精华，是党和人民实践经验和集体智慧的结晶，是中国特色社会主义理论体系的重要组成部分，是全党全国人民为实现中华民族伟大复兴而奋斗的行动指南，必须长期坚持并不断发展。

中国共产党诞生100多年来的实践告诉我们，马克思主义作为我们党的根本指导思想，必须随着实践发展而发展，必须中国化才能落地生根、本土化才能深入人心。只要我们勇于结合新的实践不断推进理论创新、善于用新的理论指导新的实践，就一定能够让马克思主义在中国大地上展现出更强大、更有说服力的真理力量。

本章小结

党的百年奋斗历史充分证明，坚持和加强党中央集中统一领导是我们党领导革命、建设与改革不断获得成功的重要经验，也是加强党的建设的一条重要原则；治理好我们这个世界上最大的马克思主义政党和14亿多人口的大国，必须坚持党的全面领导特别是党中央集中统一领导不动摇。党的百年奋斗历史同时也证明，拥有马克思主义科学理论指导是我们党鲜明的政治品格和强大的政治优势。马克思主义是我们立党立国、兴党兴国的根本指导思想。实践告诉我们，中国共产党为什么能，中国特色社会主义为什么好，归根到底是马克思主义行，是中国化时代化的马克思主义行。

思考题

1. 历史和人民是如何选择了中国共产党的领导？

2. 从党的百年历史看党的领袖、领导核心有哪些重要作用？

3. 为什么说拥有马克思主义科学理论指导是党的鲜明政治品格和强大政治优势？

第三章

Chapter Three

“两个确立”是党在新时代取得的最重大政治成果

伟大的时代能够称之为伟大，必定是以产生伟大的人物、诞生伟大的思想为标志的。党的十八大以来，以习近平同志为核心的党中央统筹中华民族伟大复兴战略全局和世界百年未有之大变局，团结带领全党全国各族人民有效应对重大挑战、抵御重大风险、克服重大阻力、化解重大矛盾，党和国家事业取得历史性成就、发生历史性变革。新时代伟大成就的取得，根本在于有习近平总书记作为党中央的核心、全党的核心领航掌舵，在于有习近平新时代中国特色社会主义思想科学指引。“两个确立”是党的十八大以来我们党作出的重大政治抉择，是党在新时代赢得伟大历史主动的决定性因素。

第一节　中国特色社会主义进入新时代

从党的十八大开始，中国特色社会主义进入新时代。面对中华民族伟大复兴战略全局和世界百年未有之大变局相互交织、相互激荡、相互影响，如何统筹两个大局、成就伟大事业，迫切需要能够及时回答中国之问、世界之问、人民之问、时代之问，开辟马克思主义中国化时代化新境界，指引全党和全国人民前进方向的领路人；迫切需要能够洞悉时代风云、明辨大是大非、迎战惊涛骇浪，带领全党和全国人民进行伟大斗争的掌舵者。习近平总书记正是被伟大时代呼唤出来的伟大人物，他的力量引领中国命运的走势，他的思想标定历史行进的方向。

一、世界百年未有之大变局加速演进

习近平总书记深刻指出：“当今世界正面临百年未有之大变局，和平与发展仍然是时代主题，同时不稳定性不确定性更加突出，人类面临许多共同挑战。”这是我们党立足中华民族伟大复兴战略全局，科学认识全球发展大势、深刻洞察世界格局变化而作出的重大判断。

世界百年未有之大变局，概括起来说，就是当前国际格局和国际体系正在发生深刻调整，全球治理体系正在发生深刻变革，国际力量对比正在发生近代以来最具革命性的变化，世界范围呈现出影响人类历史进程和趋向的重大态势。当前，世界百年未有之大变局

加速演进。一方面，世界多极化、经济全球化、社会信息化、文化多样化深入发展，和平、发展、合作、共赢的历史潮流不可阻挡；另一方面，世界面临的不稳定性不确定性突出，全球性问题加剧，人类处在一个危机交织叠加、风险日益增多的时代。

国际力量对比深刻变化，新一轮科技革命和产业变革深入发展，国际体系和国际秩序深度调整，世界之变、时代之变、历史之变正以前所未有的方式展开，世界进入新的动荡变革期。世界向何处去？和平还是战争？发展还是衰退？开放还是封闭？合作还是对抗？如何回答这些问题，关乎各国利益，关乎人类前途命运，世界又一次站在历史的十字路口。

联合国大会紧急特别会议 2023 年 10 月 27 日通过决议，呼吁以色列和巴勒斯坦冲突方立即实行持久和持续的人道主义休战，从而促成停止敌对行动。这是 10 月 27 日在位于纽约的联合国总部拍摄的联合国大会紧急特别会议表决现场。（新华社发，联合国供图 / 埃万 · 施奈德 / 摄）

在世界大变局中，中国持续快速发展，中华民族伟大复兴不断前进，成为世界格局演变背后的主要推动力量。习近平总书记强调，中华民族伟大复兴，是造成世界百年未有之大变局的重要原因。随着中国经济实力、科技实力不断增强，中华文明在世界上的影响力与日俱增，成为文明多样发展中不容忽视的重要力量。更重要的是，由于中国特色社会主义不断成功，冷战结束后世界社会主义万马齐喑的局面得到很大程度的扭转，社会主义在同资本主义竞争中的被动局面得到很大程度的扭转，社会主义优越性得到很大程度的彰显，中国特色社会主义成为振兴世界社会主义的中流砥柱。

“两个确立”正是中国共产党把握战略主动，发挥制度优势、理论优势，更好引领世界大变局朝着有利于中华民族伟大复兴、有利于世界和平与进步的方向发展的客观需要。

二、当代中国正在经历着有史以来最为广泛而深刻的社会变革

在新中国成立特别是改革开放以来取得重大成就的基础上，我国发展站在了新的历史起点，社会主要矛盾发生历史性变化，我们具备过去难以想象的良好发展条件，也面临着许多前所未有的困难和问题，战略机遇和风险挑战并存、不确定难预料因素增多。

中国特色社会主义进入新时代，我国社会主要矛盾已经转化为人民日益增长的美好生活需要和不平衡不充分的发展之间的矛盾。我国社会主要矛盾的变化，是关系全局的历史性变化，对党和国家工作提出了许多新要求。人民对美好生活的向往更加强烈、需要日益广泛，人民群众期盼有更好的教育、更稳定的工作、更满意的收

入、更可靠的社会保障、更高水平的医疗卫生服务、更舒适的居住条件、更优美的环境、更丰富的精神文化生活，期盼孩子们能成长得更好、工作得更好、生活得更好。

我国经济已由高速增长阶段转向高质量发展阶段。高质量发展，就是能够很好满足人民日益增长的美好生活需要的发展，是体现新发展理念的发展，是创新成为第一动力、协调成为内生特点、绿色成为普遍形态、开放成为必由之路、共享成为根本目的的发展。确切地说，高质量发展，就是从“有没有”转向“好不好”。

我国经济长期向好，市场空间广阔，发展韧性强大，正在形成以国内大循环为主体、国内国际双循环相互促进的新发展格局。构建新发展格局是把握未来发展主动权的战略性布局和先手棋，不是被迫之举和权宜之计。

我国着力实施创新驱动发展战略，产业技术创新水平持续提升。图为 2023 年 2 月 12 日，在浙江省湖州市德清县一家企业车间里，工人在调试智能化生产线。（新华社发　谢尚国 / 摄）

与此同时，一系列长期积累及新出现的突出矛盾和问题亟待解决。在这个船到中流浪更急、人到半山路更陡的关键时刻，以习近平同志为核心的党中央深刻把握中华民族伟大复兴战略全局，牢牢立足社会主义初级阶段这个基本国情、最大实际，团结带领全党全国各族人民推进新时代伟大变革，彰显了中国共产党领导的政治优势和党的创新理论的实践伟力。“两个确立”正是我们坚持和发展中国特色社会主义，推进强国建设、民族复兴伟业的必然要求。

进入新发展阶段，国内外环境的深刻变化既带来一系列新机遇，也带来一系列新挑战，是危机并存、危中有机、危可转机。我们要辩证认识和把握国内外大势，统筹中华民族伟大复兴战略全局和世界百年未有之大变局，深刻认识我国社会主要矛盾发展变化带来的新特征新要求，深刻认识错综复杂的国际环境带来的新矛盾新挑战，增强机遇意识和风险意识，准确识变、科学应变、主动求变，勇于开顶风船，善于转危为机，努力实现更高质量、更有效率、更加公平、更可持续、更为安全的发展。

——习近平：《在经济社会领域专家座谈会上的讲话》（2020 年 8 月 24 日）

三、中国式现代化全面推进拓展

近代以来，现代化成为世界发展的历史潮流，实现现代化是世界各国发展普遍面临的历史任务。实践表明，世界上既不存在定于一尊的现代化模式，也不存在放之四海而皆准的现代化标准。独特的文化传统，独特的历史命运，独特的基本国情，决定了中国必然走适合自己特点的现代化道路。

中华民族是世界上伟大的民族，创造了灿烂的中华文明，长期走在世界前列。明朝后期开始实行闭关锁国政策，后来又错失工业革命、科技革命机遇，中国在内部矛盾和西方现代化浪潮冲击下逐渐走向衰落。鸦片战争以后，中国逐步成为半殖民地半封建社会，中华民族遭受了前所未有的劫难。从那时起，实现中华民族伟大复兴，就成为中国人民和中华民族最伟大的梦想。无数仁人志士为此苦苦求索、进行各种尝试，但都以失败告终。探索中国现代化道路的重任，历史地落在了中国共产党身上。

在长期实践过程中，我们党领导人民不懈探索现代化路径，取得了社会主义现代化建设的伟大成就，用几十年时间走完发达国家几百年走过的工业化历程，开创了中国式现代化，加速了我国现代化发展进程。

党的十八大以来，以习近平同志为核心的党中央团结带领全党全国各族人民，在已有基础上继续前进。十余年来，我们党在认识上不断深化，在战略上不断完善，在实践上不断丰富，不断实现理论和实践上的创新突破，成功推进和拓展了中国式现代化，提出并阐述了中国式现代化的理论体系。中国式现代化展现了一幅现代化的全新图景，拓展了发展中国家走向现代化的路径选择，为人类对更好社会制度的探索提供了中国方案。

中国式现代化，是中国共产党领导的社会主义现代化，必须坚持以中国式现代化推进中华民族伟大复兴，既不走封闭僵化的老

2023 年中国国际服务贸易交易会 9 月 2 日至 6 日在北京举行，主题为“开放引领发展　合作共赢未来”。图为 9 月 1 日拍摄的国家会议中心内景。（新华社记者李鑫 / 摄）

路，也不走改旗易帜的邪路，坚持把国家和民族发展放在自己力量的基点上、把中国发展进步的命运牢牢掌握在自己的手中。“两个确立”正是我们党团结带领中国人民成功推进和拓展中国式现代化、推进人类文明发展历史进程的必然选择。

党的领导决定中国式现代化的根本性质。党的性质宗旨、初心使命、信仰信念、政策主张决定了中国式现代化是社会主义现代化，而不是别的什么现代化。我们党始终高举中国特色

社会主义伟大旗帜，既坚持科学社会主义基本原则，又不断赋予其鲜明的中国特色和时代内涵，坚定不移地走中国特色社会主义道路，确保中国式现代化在正确的轨道上顺利推进。我们党坚持把马克思主义作为根本指导思想，不断深化对共产党执政规律、社会主义建设规律、人类社会发展规律的认识，不断开辟马克思主义中国化时代化新境界，为中国式现代化提供科学指引。我们党坚持和完善中国特色社会主义制度，不断推进国家治理体系和治理能力现代化，形成包括中国特色社会主义根本制度、基本制度、重要制度等在内的一整套制度体系，为中国式现代化稳步前行提供坚强制度保证。我们党坚持和发展中国特色社会主义文化，激发全民族文化创新创造活力，为中国式现代化提供强大精神力量。可以说，只有毫不动摇坚持党的领导，中国式现代化才能前景光明、繁荣兴盛；否则，中国式现代化就会偏离航向、丧失灵魂，甚至犯颠覆性错误。

——习近平：《中国式现代化是中国共产党领导的社会主义现代化》，《求是》2023 年第 11 期

四、党在新时代面临新的“赶考”

办好中国的事情，关键在党。我们党能够从最初的 50 多名党员发展到今天的 9800 多万名党员，历经千锤百炼而朝气蓬勃，一个很重要的原因就是我们党始终坚持党要管党、全面从严治党，不断应对好自身在各个历史时期面临的风险考验，在推动社会革命的

同时勇于推动自我革命。

中国特色社会主义进入新时代，党面临的主要任务是，实现第一个百年奋斗目标，开启实现第二个百年奋斗目标新征程，朝着实现中华民族伟大复兴的宏伟目标继续前进。完成这一历史重任，必然要推进一系列革命性变革，实现一系列根本性突破，应对各种风险挑战考验。面对纷繁复杂的国内外形势，完成这样光荣伟大的任务，必须把党建设得更加坚强有力，使党在世界形势深刻变化的历史进程中始终走在时代前列，在应对国内外各种风险和考验的历史进程中始终成为全国人民的主心骨，在坚持和发展中国特色社会主义的历史进程中始终成为坚强领导核心。

长期以来，我们党高度重视加强自身建设，坚持党要管党、从严治党，党的建设取得显著成效。但全面从严治党永远在路上，要

2023 年 6 月 30 日，在延安宝塔山参观的党员干部重温入党誓词。（新华社记者　张博文 / 摄）

时刻保持解决大党独有难题的清醒和坚定。如何始终不忘初心、牢记使命，如何始终统一思想、统一意志、统一行动，如何始终具备强大的执政能力和领导水平，如何始终保持干事创业精神状态，如何始终能够及时发现和解决自身存在的问题，如何始终保持风清气正的政治生态，都是我们这个大党必须解决的独有难题。解决大党独有难题，是实现新时代新征程党的使命任务必须迈过的一道坎，是全面从严治党适应新形势新要求必须啃下的硬骨头。习近平总书记指出：“面对新征程上的新挑战新考验，我们必须高度警省，永远保持赶考的清醒和谨慎，驰而不息推进全面从严治党，使百年大党在自我革命中不断焕发蓬勃生机，始终成为中国人民最可靠、最坚强的主心骨。”如何走好新的“赶考”之路，这是当代中国共产党人必须回答好的重大课题，“两个确立”正是我们党破解大党独有难题，坚定不移全面从严治党、深入推进新时代党的建设新的伟大工程的现实需要。

第二节　新时代伟大变革及其里程碑意义

在波澜壮阔的历史长河里，新时代这十年踔厉奋发，标记着中华民族伟大复兴的铿锵步伐。在以习近平同志为核心的党中央坚强领导下，在习近平新时代中国特色社会主义思想科学指引下，党团结带领全党全军全国各族人民攻克了一个又一个看似不可攻克的难关，创造了一个又一个彪炳史册的人间奇迹。“两个确立”犹如一座耸入云间的高峰、一面高高飘扬的旗帜，指引着具有悠长文明的民族和国家进行着人类历史上气势如虹、激动人心的伟大实践。

一、党和国家事业取得历史性成就、发生历史性变革

新时代十年，我国面临的改革发展稳定任务之重前所未有，矛盾风险挑战之多前所未有，治国理政考验之大前所未有。经过十年接续奋斗，我国发展站在了新的更高历史起点上。

——创立了习近平新时代中国特色社会主义思想，明确坚持和发展中国特色社会主义的基本方略，提出一系列治国理政新理念新思想新战略，实现了马克思主义中国化时代化新的飞跃。我们坚持不懈用习近平新时代中国特色社会主义思想武装头脑、指导实践、推动工作，为新时代党和国家事业发展提供了根本遵循，引领中国特色社会主义实现新发展，推动中华民族伟大复兴实现大跨越。新时代十年，习近平新时代中国特色社会主义思想展真理之旗、掌时代之舵、扬复兴之帆，成为我们认识世界、改造世界的强大思想武器，在实践中深刻改变了中国、深刻影响着世界。

——全党更加团结统一。党的十八大以来，以习近平同志为核心的党中央全面加强党的领导，明确中国特色社会主义最本质的特征是中国共产党领导，中国特色社会主义制度的最大优势是中国共产党领导，中国共产党是最高政治领导力量。鲜明提出党的领导是党和国家的根本所在、命脉所在，是全国各族人民的利益所系、命运所系，全党必须自觉在思想上政治上行动上同党中央保持高度一致，提高科学执政、民主执政、依法执政水平，提高把方向、谋大局、定政策、促改革的能力，确保充分发挥党总揽全局、协调各方的领导核心作用。

党中央明确提出，党的领导是全面的、系统的、整体的，保证

党的团结统一是党的生命；党中央集中统一领导是党的领导的最高政治原则，加强和维护党中央集中统一领导是全党共同的政治责任，坚持党的领导首先要旗帜鲜明讲政治，保证全党服从中央。党中央严明党的政治纪律和政治规矩，防止和反对个人主义、分散主义、自由主义、本位主义、好人主义等，发展积极健康的党内政治文化，推动营造风清气正的良好政治生态。党中央要求党的领导干部提高政治判断力、政治领悟力、政治执行力，胸怀“国之大者”，对党忠诚、听党指挥、为党尽责。党中央健全党的领导制度体系，完善党领导人大、政府、政协、监察机关、审判机关、检察机关、武装力量、人民团体、企事业单位、基层群众性自治组织、社会组织等制度，确保党在各种组织中发挥领导作用。党中央坚持民主集中制，建立健全党对重大工作的领导体制，强化党中央决策议事协调机构职能作用，完善推动党中央重大决策落实机制，严格执行向党中央请示报告制度，强化政治监督，深化政治巡视，查处违背党的路线方针政策、破坏党的集中统一领导问题，清除“两面人”，保证全党在政治立场、政治方向、政治原则、政治道路上同党中央保持高度一致。我们这个拥有 9800 多万名党员的马克思主义政党更加团结统一。

中国共产党党内统计公报

——制定新时代党和国家发展的战略部署。习近平总书记明确指出，坚持和发展中国特色社会主义，总任务是实现社会主义现代化和中华民族伟大复兴。在参观《复兴之路》展览时，他首次提出“实现中华民族伟大复兴，就是中华民族近代以来最伟大的梦想”，明确中国梦的本质是国家富强、民族振兴、人民幸福。十年来，党中央统揽伟大斗争、伟大工程、伟大事业、伟大梦想，明确中国特色社会主义事业总体布局是经济建设、政治建设、文化建设、社会建设、生态文明建设五位一体，战略布局是全面建设社会主义现代化国家、全面深化改革、全面依法治国、全面从严治党四个全面。在此基础上，党中央确定稳中求进工作总基调，统筹发展和安全，明确我国社会主要矛盾是人民日益增长的美好生活需要和不平衡不充分的发展之间的矛盾，并紧紧围绕这个社会主要矛盾推进各项工作，不断丰富和发展人类文明新形态。

站在历史新的更高起点上，以习近平同志为核心的党中央综合分析国际国内形势和我国发展条件，对新时代推进社会主义现代化建设作出新的顶层设计，提出在全面建成小康社会的基础上，分两步走在本世纪中叶建成富强民主文明和谐美丽的社会主义现代化强国，以中国式现代化全面推进中华民族伟大复兴。从全面建成小康社会到基本实现现代化，再到全面建成社会主义现代化强国，是新时代中国特色社会主义发展的战略安排。党的二十大进一步明确，全面建成社会主义现代化强国，总的战略安排是分两步走：从2020年到2035年基本实现社会主义现代化；从2035年到本世纪中叶把我国建成富强民主文明和谐美丽的社会主义现代化强国。

——实现小康这个中华民族千年梦想。“民亦劳止，汔可小康。”小康，是中华民族自古以来追求的理想社会状态。党的十八大以来，我国发展进入新的历史方位，全面建成小康社会、实现第一个百年奋斗目标进入关键阶段。以习近平同志为核心的党中央锚定全面建成小康社会这个战略目标，把脱贫攻坚作为全面建成小康社会的底线任务和标志性指标，吹响了决战决胜的冲锋号。我们坚持精准扶贫、尽锐出战，

习近平：在庆祝中国共产党成立100周年大会上的讲话

打赢了人类历史上规模最大的脱贫攻坚战，全国 832 个贫困县全部摘帽，近 1 亿农村贫困人口实现脱贫，960 多万贫困人口实现易地搬迁，历史性地解决了绝对贫困问题，为全球减贫事业作出了重大贡献。

经过接续奋斗，我们实现了小康这个中华民族的千年梦想。2021 年 7 月 1 日，在庆祝中国共产党成立 100 周年大会上，习近平总书记代表党和人民庄严宣告：“经过全党全国各族人民持续奋斗，我们实现了第一个百年奋斗目标，在中华大地上全面建成了小康社会，历史性地解决了绝对贫困问题，正在意气风发向着全面建成社会主义现代化强国的第二个百年奋斗目标迈进。”全面建成小康社会是我国社会主义现代化进程中的一座重要里程碑。

——经济实力实现历史性跃升。党的十八大以来，面对严峻复杂的国际形势和艰巨繁重的国内改革发展稳定任务，以习近平同志为核心的党中央高瞻远瞩、统揽全局、把握大势，提出一系列新理念新思想新战略，指导我国经济发展取得历史性成就、发生历史性变革，在实践中形成和发展了习近平经济思想，深化了新时代做好经济工作的规律性认识：必须把坚持高质量发展作为新时代的硬道理，必须坚持深化供给侧结构性改革和着力扩大有效需求协同发力，必须坚持依靠改革开放增强发展内生动力，必须坚持高质量发展和高水平安全良性互动，必须把推进中国式现代化作为最大的政治。在习近平经济思想科学指引下，我们贯彻新发展理念，着力推进高质量发展，推动构建新发展格局，实施供给侧结构性改革，制定一系列具有全局性意义的区域重大战略，我国经济发展平衡性、协调性、可持续性明显增强，国家经济实力、科技实力、综合国力跃上新台阶。国内生产总值从 2012 年的 54 万亿元增长到

2021 年的 114 万亿元，我国经济总量占世界经济的比重达 18.5%，提高 7.2 个百分点，稳居世界第二位；人均国内生产总值从 3.98 万元增加到 8.1 万元。谷物总产量稳居世界首位，14 亿多人的粮食安全、能源安全得到有效保障。城镇化率提高 11.6 个百分点，达到 64.7%。制造业规模、外汇储备稳居世界第一。建成世界最大的高速铁路网、高速公路网，机场港口、水利、能源、信息等基础设施建设取得重大成就。我们加快推进科技自立自强，全社会研发经费支出从 1 万亿元增加到 2.8 万亿元，居世界第二位，研发人员总量居世界首位。基础研究和原始创新不断加强，一些关键核心技术实现突破，战略性新兴产业发展壮大，载人航天、探月探火、深海深地探测、超级计算机、卫星导航、量子信息、核电技术、新能源技术、大飞机制造、生物医药等取得重大成果，进入创新型国家行列。

2023 年 5 月 28 日，C919 首个商业航班东航 MU9191 从上海虹桥国际机场起飞，到达地为北京首都国际机场。图为上海虹桥机场停机坪拍摄的即将首航的 C919 飞机。（新华社记者　丁汀 / 摄）

习近平经济思想

习近平经济思想是习近平新时代中国特色社会主义思想的重要组成部分，是运用马克思主义政治经济学基本原理对新时代经济发展实践作出的系统理论概括，是以习近平同志为核心的党中央治国理政实践创新和理论创新在经济领域的集中体现，是立足国情、放眼世界、引领未来的科学理论，是党和国家十分宝贵的精神财富，为做好新时代经济工作指明了正确方向、提供了根本遵循。

——中共中央宣传部、国家发展和改革委员会：《习近平经济思想学习纲要》，人民出版社、学习出版社2022年版

——开创改革开放新局面。改革开放是决定当代中国命运的关键一招，也是决定实现“两个一百年”奋斗目标、实现中华民族伟大复兴的关键一招。改革只有进行时、没有完成时，停顿和倒退没有出路。党的十八大以来，以习近平同志为核心的党中央以巨大的政治勇气全面深化改革，打响改革攻坚战，加强改革顶层设计，敢于突进深水区，敢于啃硬骨头，敢于涉险滩，敢于面对新矛盾新挑战，冲破思想观念束缚，突破利益固化藩篱，坚决破除各方面体制机制弊端，各领域基础性制度框架基本建立，许多领域实现历史性变革、系统性重塑、整体性重构，新一轮党和国家机构改革全面完

成，中国特色社会主义制度更加成熟更加定型，国家治理体系和治理能力现代化水平明显提高。

我们实行更加积极主动的开放战略，坚持共商共建共享，推动共建“一带一路”高质量发展，推进一大批关系沿线国家经济发展、民生改善的合作项目，建设和平之路、繁荣之路、开放之路、绿色之路、创新之路、文明之路，使共建“一带一路”成为当今世界深受欢迎的国际公共产品和国际合作平台，成为推动构建人类命运共同体的重要引擎。我国坚持对内对外开放相互促进、“引进来”和“走出去”更好结合，推动贸易和投资自由化便利化，构建面向全球的高标准自由贸易区网络，建设自由贸易试验区和海南自由贸易港，推动规则、规制、管理、标准等制度型开放，形成更大范围、更宽领域、更深层次对外开放格局，构建互利共赢、多元平衡、安全高效的开放型经济体系，不断增强我国国际经济合作和竞争新优势。我国成为 140 多个国家和地区的主要贸易伙伴，货物贸易总额居世界第一，吸引外资和对外投资居世界前列，形成更大范围、更宽领域、更深层次对外开放格局。

——民主政治建设取得重大进展。党的十八大以来，以习近平同志为核心的党中央不断深化对民主政治发展规律的认识，坚定不移走中国特色社会主义政治发展道路，全面发展全过程人民民主，社会主义民主政治制度化、规范化、程序化全面推进，社会主义协商民主广泛开展，人民当家作主更为扎实，基层民主活力增强，爱国统一战线巩固拓展，民族团结进步呈现新气象，党的宗教工作基本方针得到全面贯彻，人权得到更好保障。

党中央对坚持和完善中国特色社会主义制度、推进国家治理体系和治理能力现代化作出总体擘画，重点部署坚持和完善支撑中国特色社会主义制度的根本制度、基本制度、重要制度。党中央坚持和完善人民代表大会制度，支持和保证人民通过人民代表大会行使国家权力，支持和保证人大依法行使立法权、监督权、决定权、任免权，果断查处拉票贿选案，维护人民代表大会制度权威和尊严，发挥人民代表大会制度的根本政治制度作用。党中央坚持和完善中国共产党领导的多党合作和政治协商制度，完善民主党派中央对重大决策部署贯彻落实情况实施专项监督、直接向中共中央提出建议等制度，加强人民政协专门协商机构制度建设，推进社会主义协商民主广泛多层制度化发展，形成中国特色协商民主体系。党中央坚持巩固基层政权，完善基层民主制度，完善办事公开制度，保障人民知情权、参与权、表达权、监督权。党中央坚持和完善民族区域自治制度，坚定不移走中国特色解决民族问题的正确道路，坚持把铸牢中华民族共同体意识作为党的民族工作主线，确立新时代党的治藏方略、治疆方略，巩固和发展平等团结互助和谐的社会主义民族关系，促进各民族共同团结奋斗、共同繁荣发展。党中央坚持党的宗教工作基本方针，坚持我国宗教的中国化方向，积极引导宗教与社会主义社会相适应。党中央完善大统战工作格局，努力寻求最大公约数、画出最大同心圆，汇聚实现中华民族伟大复兴的磅礴力量。党中央围绕增强政治性、先进性、群众性，推动群团工作改革创新，更好发挥工会、共青团、妇联等人民团体和群众组织作用。我们以保障人民生存权、发展权为首要推进人权事业全面发展。

习近平：在中央人大工作会议上的讲话

2021 年 8 月 7 日，青海省果洛藏族自治州班玛县人民法院巡回法庭成员前往班玛县灯塔乡班前村提供法律服务。（新华社记者　张龙 / 摄）

——法治中国建设迈出坚实步伐。法治兴则国兴，法治强则国强。党的十八大以来，在领导全党全国人民推进全面依法治国伟大实践中，习近平总书记以马克思主义政治家、思想家、战略家的深刻洞察力和理论创造力，坚持把马克思主义法治理论同中国具体实际相结合、同中华优秀传统法律文化相结合，提出一系列具有原创性、标志性的新理念新思想新战略，创立了习近平法治思想。

在习近平法治思想科学指引下，以习近平同志为核心的党中央就科学立法、严格执法、公正司法、全民守法作出顶层设计和重大部署，统筹推进法律规范体系、法治实施体系、法治监督体系、法治保障体系和党内法规体系建设。党领导健全保证宪法全面实施的体制机制，确立宪法宣誓制度，弘扬社会主义法治精神，提高国家机构依法履职能力，提高各级领导干部运用法治思维和法治方式解决问题、推动发展的能力，增强全社会法治意识。通过宪法修正案，制定民法典、外商投资法、国家安全法、监察法等法律，修改立法法、国防法、环境保护法等法律，加强重点领域、新兴领域、涉外领域立法，加快完善以宪法为核心的中国特色社会主义法律体系。党领导深化以司法责任制为重点的司法体制改革，推进政法领域全面深化改革，加强对执法司法活动的监督制约，开展政法队伍教育整顿，依法纠正冤错案件，严厉惩治执法司法腐败，确保执法司法公正廉洁高效权威。十年来，社会主义法治国家建设深入推进，全面依法治国总体格局基本形成，中国特色社会主义法治体系加快建设，司法体制改革取得重大进展，社会公平正义保障更为坚实，法治中国建设开创新局面。

习近平法治思想

习近平法治思想是马克思主义法治理论中国化的最新成果，是中国特色社会主义法治理论的重大创新发展，是习近平新时代中国特色社会主义思想的重要组成部分，是新时代全面依法治国必须长期坚持的指导思想。这一思想从历史和现实相贯通、国际和国内相关联、理论和实际相结合上，深刻回答了新时代为什么实行全面依法治国、怎样实行全面依法治国等一系列重大问题，构成了一个富有开创性、实践性、真理性、前瞻性的科学思想体系，推动中国特色社会主义法治理论和实践实现新飞跃，标志着我们党对社会主义法治建设和人类法治文明发展的规律性认识达到新的历史高度。

——中共中央宣传部、中央全面依法治国委员会办公室：《习近平法治思想学习纲要》，人民出版社、学习出版社2021年版

——文化自信自强。文化兴国运兴，文化强民族强。没有高度的文化自信，没有文化的繁荣兴盛，就没有中华民族伟大复兴。党的十八大以来，习近平总书记准确把握世界范围内思想文化相互激荡、我国社会思想观念深刻变化的趋势，提出了一系列新思想新观点新论断，形成了习近平文化思想。在习近平文化思想科学指引下，我们党把宣传思想文化工作摆在治国理政的重要位置，对宣传思想文化工作作出一系列重大决策部署，着力解决意识形态领域党的领导弱化问题，立破并举、激浊扬清，确立和坚持马克思主义在意识形态领域指导地位的根本制度，新时代党的创新理论深入人心，社会主义核心价值观广泛传播，中华优秀传统文化得到创造性转化、创新性发展，文化事业日益繁荣，网络生态持续向好，意识形态领域形势发生全局性、根本性转变。我们隆重庆祝中国人民解放军建军九十周年、改革开放四十周年，隆重纪念中国人民抗日战争暨世界反法西斯战争胜利七十周年、中国人民志愿军抗美援朝出国作战七十周年，成功

习近平对宣传思想文化工作作出重要指示

2023 年 9 月 23 日，第 19 届亚洲运动会开幕式在杭州举行。图为演员在开幕式上表演。（新华社记者 杨磊 / 摄）

举办北京冬奥会、冬残奥会，举办第 31 届世界大学生夏季运动会、杭州第 19 届亚运会、杭州第 4 届亚残运会，青年一代更加积极向上，全党全国各族人民文化自信明显增强、精神面貌更加奋发昂扬，正在信心百倍书写着新时代中国发展的伟大历史。

习近平文化思想

习近平文化思想，内涵十分丰富、论述极为深刻，是新时代党领导文化建设实践经验的理论总结，丰富和发展了马克思主义文化理论，构成了习近平新时代中国特色社会主义思想的文化篇。习近平文化思想既有文化理论观点上的创新和突破，又有文化工作布局上的部署要求，明体达用、体用贯通，明确了新时代文化建设的路线图和任务书，标志着我们党对中国特色社会主义文化建设规律的认识达到了新高度，表明我们党的历史自信、文化自信达到了新高度，并在我国社会主义文化建设中展现出了强大伟力，为做好新时代新征程宣传思想文化工作、担负起新的文化使命提供了强大思想武器和科学行动指南。

——《人民日报》2023年10月9日、11日

——人民生活全方位改善。人民对美好生活的向往就是我们的奋斗目标，增进民生福祉是我们坚持立党为公、执政为民的本质要求，让老百姓过上好日子是我们一切工作的出发点和落脚点，补齐民生保障短板、解决好人民群众急难愁盼问题是社会建设的紧迫任务。党的十八大以来，以习近平同志为核心的党中央深入贯彻以人民为中心的发展思想，以保障和改善民生为重点加强社会建设，尽力而为、量力而行，一件事情接着一件事情办，一年接着一年干，在幼有所育、学有所教、劳有所得、病有所医、老有所养、住有所居、弱有所扶上持续用力，加强和创新社会治理，人民生活全方位改善，人均预期寿命增长到78.2岁。居民人均可支配收入从2012年的1.65万元增加到2021年的3.51万元。城镇新增就业年均1300万人以上。建成世界上规模最大的教育体系、社会保障体系、医疗卫生体系，教育普及水平实现历史性跨越，基本养老保险覆盖10.4亿人，基本医疗保险参保率稳定在95%。及时调整生育

政策。改造棚户区住房4200多万套，改造农村危房2400多万户，城乡居民住房条件明显改善。互联网上网人数达10.3亿人。人民群众获得感、幸福感、安全感更加充实、更有保障、更可持续，共同富裕取得新成效。

——生态环境保护发生历史性、全局性变化。生态兴则文明兴，生态衰则文明衰。生态环境是人类生存和发展的根基，生态环境变化直接影响文明兴衰演替。生态环境也是关系党的使命宗旨的重大政治问题、关系民生的重大社会问题。改革开放以来，我国经济发展取得巨大成就，也积累了大量生态环境问题，成为明显的短板。党的十八大以来，以习近平同志为核心的党中央深刻把握生态文明建设在新时代中国特色社会主义事业中的重要地位和战略意义，大力推进生态文明理论创新、实践创新、制度创新，提出一系列新理念新思想新战略，创立了习近平生态文明思想。在习近平生态文明思想的科学指引下，我们党把生态文明建设作为关系中华民族永续发展的根本大计，坚持绿水青山就是金山银山的理念，坚持山水林田湖草沙一体化保护和系统治理，以前所未有的力度全方位、全地域、全过程加强生态环境保护，生态文明制度体系更加健全，污染防治攻坚向纵深推进，绿色、循环、低碳发展迈出坚实步伐。我国生态文明建设实现了由重点整治到系统治理、由被动应对到主动作为、由全球环境治理参与者到引领者、由实践探索到科学理论指导的重大转变，生态环境保护发生历史性、转折性、全局性变化，我们的祖国天更蓝、山更绿、水更清。

习近平在全国生态环境保护大会上强调 全面推进美丽中国建设 加快推进人与自然和谐共生的现代化

西藏雅尼国家湿地公园位于林芝市巴宜区和米林市境内的雅鲁藏布江与尼洋河交汇处，湿地公园水面海拔 2920 米。图为雅尼国家湿地公园的春景（2023 年 4 月 7 日摄）。（新华社记者　田金文 / 摄）

习近平生态文明思想

习近平生态文明思想是习近平新时代中国特色社会主义思想的重要组成部分，是我们党不懈探索生态文明建设的理论升华和实践结晶，是马克思主义基本原理同中国生态文明建设实践相结合、同中华优秀传统生态文化相结合的重大成果，是以习近平同志为核心的党中央治国理政实践创新和理论创新在生态文明建设领域的集中体现，是人类社会实现可持续发展的共同思想财富，是新时代我国生态文明建设的根本遵循和行动指南。

——中共中央宣传部、中华人民共和国生态环境部：《习近平生态文明思想学习纲要》，学习出版社、人民出版社2022年版

——国家安全全面加强。国家安全是安邦定国的重要基石，维护国家安全是全国各族人民根本利益所在。党的十八大以来，以习近平同志为核心的党中央顺应时代发展大势，从新时代坚持和发展中国特色社会主义的战略高度，把马克思主义国家安全理论和当代中国安全实践、中华优秀传统战略文化结合起来，创造性提出了总体国家安全观。我们贯彻总体国家安全观，国家安全领导体制和法治体系、战略体系、政策体系不断完善。成立中央国家安全委员会，充分发挥对国家安全事务决策、协调的“神经中枢”作用，着力提升把握全局、谋划发展的战略能力；制定出台《中国共产党领导国家安全工作条例》等规章制度，系统回答了国家安全工作“谁来领导”“领导什么”“怎么领导”等重大问题，进一步从制度上强化了党对国家安全工作的绝对领导；以国家安全法为引领，制定出台国家情报法、反恐怖主义法、境外非政府组织境内活动管理法、国防交通法、网络安全法、核安全法、外商投资法、数据安全法等一系列国家安全法律法规，制定完善国家安全战略体系，进一步明

中华人民共和国国家安全法

确国家安全战略指导方针、中长期目标和重点领域国家安全政策，指导统筹用好各种战略资源和国家战略手段。我们在原则问题上寸步不让，以坚定的意志品质维护国家主权、安全、发展利益，国家安全得到全面加强。共建共治共享的社会治理制度进一步健全，民族分裂势力、宗教极端势力、暴力恐怖势力得到有效遏制，扫黑除恶专项斗争取得阶段性成果，有力应对一系列重大自然灾害，平安中国建设迈向更高水平。

总体国家安全观的核心要义

——坚持党对国家安全工作的绝对领导

——坚持中国特色国家安全道路

——坚持以人民安全为宗旨

——坚持统筹发展和安全

——坚持把政治安全放在首要位置

——坚持统筹推进各领域安全

——坚持把防范化解国家安全风险摆在突出位置

——坚持推进国际共同安全

——坚持推进国家安全体系和能力现代化

——坚持加强国家安全干部队伍建设

——人民军队实现整体性、革命性重塑。强国必须强军，军强才能国安。党的十八大以来，以习近平同志为核心的党中央着眼于实现中华民族伟大复兴的中国梦，深刻把握强国对强军的战略需求，围绕新时代建设一支什么样的强大人民军队、怎样建设强大人民军队，带领全军深入进行理论探索和实践创造，创立习近平强军思想并不断丰富和发展。我们确立党在新时代的强军目标，贯彻习近平强军思想，贯彻新时代军事战略方针，坚持党对人民军队的绝对领导，召开古田全军政治工作会议，以整风精神推进政治整训，牢固树立战斗力这个唯一的根本的标准，坚决把全军工作重心归正到备战打仗上来，统筹加强各方向各领域军事斗争，大抓实战化军事训练，大刀阔斧深化国防和军队改革，重构人民军队领导指挥体制、现代军事力量体系、军事政策制度，加快国防和军队现代化建设，裁减现役员额30万胜利完成，人民军队体制一新、结构一新、格局一新、面貌一新，现代化水平和实战能力显著提升，中国特色强军之路越走越宽广。

海军成立74周年官方宣传片《蛟龙行动》

习近平强军思想

习近平强军思想是习近平新时代中国特色社会主义思想的重要组成部分，是党的军事指导理论最新成果，是坚持走中国特色强军之路、全面推进国防和军队现代化的行动纲领。这一思想是在中国特色社会主义进入新时代、世情国情军情发生深刻变化的历史条件下形成发展的，是从新时代强军事业全部实践中产生的理论结晶。

——中共中央宣传部、中央军委政治工作部：《习近平强军思想学习问答》，解放军出版社、人民出版社2022年版

——“一国两制”行稳致远。香港、澳门回归祖国后，重新纳入国家治理体系，走上了同祖国内地优势互补、共同发展的宽广道路，“一国两制”实践取得举世公认的成功，但作为一项前无古人的开创性事业，也不可避免会遇到一些新情况、新问题。一个时期，受各种内外复杂因素影响，“反中乱港”活动猖獗，香港局势一度出现严峻局面。以习近平同志为核心的党中央全面准确推进“一国两制”实践，坚持“一国两制”、“港人治港”、“澳人治澳”、高度自治的方针，推动香港进入由乱到治走向由治及兴的新阶段，香港、澳门保持长期稳定发展良好态势。党中央准确判断新形势新情况，妥善应对复杂局面，作出健全中央依照宪法和基本法对特别行政区行使全面管治权、完善特别行政区同宪法和基本法实施相关制度机制的重大决策，推动建立健全特别行政区维护国家安全的法律制度和执行机制、制定《中华人民共和国香港特别行政区维护国家安全法》、完善香港特别行政区选举制度，落实“爱国者治港”原则，支持特别行政区完善公职人员宣誓制度。中央人民政府依法设立驻香港特别行政区维护国家安全公署，香港特别行政区依法设立维护国家安全委员会。中央坚定支持香港特别行政区依法止暴制乱、恢复秩序，支持行政长官和特别行政区政府依法施政，坚决防

范和遏制外部势力干预港澳事务，严厉打击分裂、颠覆、渗透、破坏活动。全面支持香港、澳门更好融入国家发展大局，高质量建设粤港澳大湾区，支持港澳发展经济、改善民生，增强港澳同胞国家意识和爱国精神。通过一系列标本兼治的举措，推动香港局势实现由乱到治的重大转折，为推进依法治港治澳、促进“一国两制”实践行稳致远打下了坚实基础。

与此同时，以习近平同志为核心的党中央把握两岸关系时代变化，丰富和发展国家统一理论和对台方针政策，推动两岸关系朝着正确方向发展。习近平总书记就对台工作提出一系列重要理念、重大政策主张，形成新时代党解决台湾问题的总体方略。我们推动实现1949年以来两岸领导人首次会晤、两岸领导人直接对话沟通。党秉持“两岸一家亲”理念，推动两岸关系和平发展，出台一系列惠及广大台胞的政策，加强两岸经济文化交流合作。2016年以来，台湾当局加紧进行“台独”分裂活动，致使两岸关系和平发展势头受到严重冲击。我们坚持一个中国原则和“九二共识”，坚决反对“台独”分裂行径，坚决反对外部势力干涉，牢牢把握两岸关系主导权和主动权。

“和平统一、一国两制”方针是实现两岸统一的最佳方式，对两岸同胞和中华民族最有利。我们坚持一个中国原则和“九二共识”，在此基础上，推进同台湾各党派、各界别、各阶层人士就两岸关系和国家统一开展广泛深入协商，共同推动两

岸关系和平发展、推进祖国和平统一进程。我们坚持团结广大台湾同胞，坚定支持岛内爱国统一力量，共同把握历史大势，坚守民族大义，坚定反“独”促统。伟大祖国永远是所有爱国统一力量的坚强后盾！

——习近平：《高举中国特色社会主义伟大旗帜　为全面建设社会主义现代化国家而团结奋斗——在中国共产党第二十次全国代表大会上的报告》（2022 年 10 月 16 日）

——中国特色大国外交全面推进。改革开放以后，党坚持独立自主的和平外交政策，为我国发展营造了良好外部环境，为人类进步事业作出重大贡献。进入新时代，国际力量对比深刻调整，单边主义、保护主义、霸权主义、强权政治对世界和平与发展威胁抬头，逆全球化思潮上升，世界进入动荡变革期。以习近平同志为核心的党中央深刻把握新时代中国和世界发展大势，在对外工作上进行一系列重大理论和实践创新，创立了习近平外交思想，开辟了中国外交理论和实践的新境界，为推进中国特色大国外交提供了根本遵循。在习近平总书记擘画指挥下，在习近平外交思想科学指引下，我们走出了一条中国特色大国外交新路，战胜了各种艰难险阻，办成了不少大事要事，取得了历史性成就、发生了历史性变革。我们全面推进中国特色大国外交，推动构建人类命运共同体，坚定维护国际公平正义，倡导

习近平在中央外事工作会议上强调　坚持以新时代中国特色社会主义外交思想为指导　努力开创中国特色大国外交新局面

践行真正的多边主义，旗帜鲜明反对一切霸权主义和强权政治，毫不动摇反对任何单边主义、保护主义、霸凌行径。我们完善外交总体布局，积极建设覆盖全球的伙伴关系网络，推动构建新型国际关系。我们展现负责任大国担当，积极参与全球治理体系改革和建设，全面开展抗击新冠疫情国际合作，赢得广泛国际赞誉，我国已成为更具国际影响力、创新引领力、道义感召力的负责任大国。

在新时代对外工作实践中，我们积累了一系列宝贵经验：必须做到坚持原则，在关乎人类前途命运和世界发展方向的重大问题上，要旗帜鲜明、站稳立场，牢牢占据国际道义制高点，团结争取世界大多数；必须体现大国担当，坚持弘扬独立自主精神，坚持引领和平发展，坚持促进世界稳定和繁荣；必须树立系统观念，以正确的历史观、大局观把握大势、统筹兼顾、掌握主动；必须坚持守

2021 年 9 月 28 日，金砖国家新开发银行永久总部大楼在上海浦东新区正式交接。图为位于上海浦东新区世博园区的金砖国家新开发银行永久总部大楼（2021 年 9 月 28 日摄，无人机照片）。（新华社记者　方喆 / 摄）

正创新，坚守中国外交的优良传统和根本方向，同时开拓进取，推动理论和实践创新；必须发扬斗争精神，坚决反对一切强权政治和霸凌行径，有力捍卫国家利益和民族尊严；必须发挥制度优势，在党中央集中统一领导下，各地区各部门协同配合，形成合力。

习近平外交思想

习近平外交思想是习近平新时代中国特色社会主义思想的重要组成部分，是马克思主义基本原理同中国特色大国外交实践相结合的重大理论成果，是以习近平同志为核心的党中央治国理政思想在外交领域的集中体现，是新时代我国对外工作的根本遵循和行动指南。

——中共中央宣传部、中华人民共和国外交部：《习近平外交思想学习纲要》，人民出版社、学习出版社2021年版

——党找到了自我革命这一跳出治乱兴衰历史周期率的第二个答案。勇于自我革命是我们党区别于其他政党的显著标志。党的十八大以来，以习近平同志为核心的党中央深入推进全面从严治党，坚持打铁必须自身硬，从制定和落实中央八项规定开局破题，提出和落实新时代党的建设总要求，以党的政治建设统领党的建设各项工作，坚持思想建党和制度治党同向发力，严肃党内政治生活，持续开展党内集中教育，提出和坚持新时代党的组织路线，突

出政治标准选贤任能，加强政治巡视，形成比较完善的党内法规体系，推动全党坚定理想信念、严密组织体系、严明纪律规矩。党中央持之以恒正风肃纪，以钉钉子精神纠治“四风”，反对特权思想和特权现象，坚决整治群众身边的不正之风和腐败问题，刹住了一些长期没有刹住的歪风，纠治了一些多年未除的顽瘴痼疾。党中央开展了史无前例的反腐败斗争，以“得罪千百人、不负十四亿”的使命担当祛疴治乱，不敢腐、不能腐、不想腐一体推进，“打虎”“拍蝇”“猎狐”多管齐下，反腐败斗争取得压倒性胜利并全面巩固，消除了党、国家、军队内部存在的严重隐患，确保党和人民赋予的权力始终用来为人民谋幸福。在推进全面从严治党的伟大实践中，我们党不断进行实践探索和理论思考，在毛泽东同志当年给出“让人民来监督政府”的第一个答案基础上，给出了第二个答案，那就是不断推进党的自我革命。党的十八大以来，习近平总书记创造性提出一系列具有原创性、标志性的新理念新思想新战略，形成习近平总书记关于党的自我革命的重要思想，指引百年大党开辟了自我革命的新境界。这是我们党坚持“两个结合”推进理论创新取得的新成果，是习近平新时代中国特色社会主义思想的新篇章，标志着我们党对马克思主义政党建设规律、共产党执政规律的认识达到新高度。这一重要思想深刻回答了我们党为什么要自我革命、为什么能自我革命、怎样推进自我革命等重大问题，并明确提出“九个以”的实践要求，即：以坚持党中央集中统一领导为根本保证，以引领伟大社会革命为根本目的，以习近平新时代中国特色社会主义思想为根本遵循，以跳出历史周期率为战略目标，以解决大党独有难题为主攻方向，以健全全面从严治党体系为有效途径，以锻造坚强组织、建设过硬队伍为重要着力点，以正风肃纪反腐为重要抓手，以自我监督和人民监督相结合为强大动力。经过不懈努力，党自我净化、自我完善、自我革新、自我提高能力显著增强，管党治党宽松软状况得到根本扭转，风清气正的党内政治生态不断形成和发展，确保党永远不变质、不变色、不变味。

延安窑洞对

抗日战争胜利前夕，由于国民党坚持独裁统治，国共两党剑拔弩张，引起中间势力的严重不安。1945年6月2日，国民参政员褚辅成、黄炎培、冷遹、王云五、左舜生、傅斯年、章伯钧从重庆致电毛泽东和周恩来，大意是讲：团结问题的政治解决为全国国人所渴望，希望继续商谈。6月18日，毛泽东、周恩来复电褚辅成等，表示愿意商谈，并欢迎他们到延安来。

7月1日，褚辅成、黄炎培、冷遹、傅斯年、左舜生、章伯钧从重庆飞抵延安（王云五因病未能成行）。他们受到毛泽东、周恩来、朱德、林伯渠、吴玉章等的隆重欢迎。在短短三天内，毛泽东同他们多次倾心交谈。

同黄炎培的一次谈话中，毛泽东问他有什么感想？黄炎培回答：我生六十多年，耳闻的不说，所亲眼看到的，真所谓“其兴也浡焉”，“其亡也忽焉”，一人，一家，一团体，一地方，乃至一国，不少单位都没有能跳出这周期率的支配力。大凡初时聚精会神，没有一事不用心，没有一人不卖力，也许那时艰难困苦，只有从万死中觅取一生。既而环境渐渐好转了，精神也就渐渐放下了。有的因为历时长久，自然地惰性发作，由少数演为多数，到风气养成；虽有大力，无法扭转，并且无法补救。也有为了区域一步步扩大了，它的扩大，有的出于自然发展，有的为功业欲所驱使，强求发展，到干部人才渐见竭蹶、艰于应付的时候，环境倒越加复杂起来了，控制力不免趋于薄弱了。一部历史，“政怠宦成”的也有，“人亡政息”的也有，“求荣取辱”的也有，总之没有能跳出这周期率。他说：“中共诸君从过去到现在，我略略了解的了。就是希望找出一条新路，来跳出这周期率的支配。”

听了黄炎培的这番见解后，毛泽东对他说：“我们已经找到新路，我们能跳出这周期率。这条新路，就是民主。只有让人民来监督政府，政府才不敢松懈。只有人人起来负责，才不会人亡政息。”黄炎培认为：“这话是对的”。“只有大政方针决之于公众，个人功业欲才不会发生。只有把每一地方的事，公之于每一地方的人，才能使地地得人，人人得事。把民主来打破这周期率，怕是有效的。”

——参见中共中央文献研究室编：《毛泽东传》（二），中央文献出版社 2011 年版，第 728—730 页

二、新时代的伟大变革具有里程碑意义

新时代十年，以习近平同志为核心的党中央带领全党全国各族

人民绘就了山河锦绣的壮丽画卷，书写了波澜壮阔的恢宏史诗，在党史、新中国史、改革开放史、社会主义发展史、中华民族发展史上具有里程碑意义。

——党在革命性锻造中更加坚强有力。党的十八大以来，习近平总书记围绕建设什么样的长期执政的马克思主义政党、怎样建设长期执政的马克思主义政党的重大时代课题，提出一系列管党治党、兴党强党的新理念新思想新战略，形成了习近平总书记关于党的建设的重要思想。2023 年 6 月召开的全国组织工作会议，以“十三个坚持”集中概括了习近平总书记关于党的建设的重要思想。经过新时代的革命性锻造，走过百余年奋斗历程的中国共产党政治领导力、思想引领力、群众组织力、社会号召力显著增强，党同人民群众始终保持血肉联系，正领导中国人民在中国特色社会主义道路上不可逆转地走向中华民族伟大复兴，无愧为伟大光荣正确的党。

党的政治领导力显著增强。从根本上扭转了落实党的领导弱化、党的观念淡漠状况，全党“四个意识”不断增强，“四个自信”日益坚定，“两个维护”更加自觉。党的思想引领力显著提升。一些领域长期存在的意识形态之乱、价值观之乱得以正本清源，全党自觉用党的创新理论滋养初心、引领使命，增强为党分忧、为国奉献、为民造福的政治担当，在风浪考验中立住脚，在诱惑“围猎”前定住神，在复杂严峻斗争中保持了政治本色。以党风政风带动社风民风向上向善。纪律松弛、作风漂浮状况显著改变，真管真严、敢管敢严、长管长严氛围基本形成，党风政风焕然一新，社风民风持续向好，重塑了党在人民心中的形象。强化了党组织的政治功能、组织功能。一些基层党组织虚化、弱化、边缘化问题得以坚决纠正，爱惜羽毛的“老好人”、推诿扯皮的“圆滑官”、得过且过的

“太平官”失去市场，广大基层党组织的战斗堡垒作用和共产党员的先锋模范作用充分彰显，党的政治优势和组织优势不断转化为制胜优势。反腐败斗争取得压倒性胜利并全面巩固。不敢腐的震慑充分彰显，不能腐的笼子越扎越牢，不想腐的自觉显著增强。党的自我净化、自我完善、自我革新、自我提高能力显著增强。形成了比较完善的党内法规体系，构建起党统一领导、全面覆盖、权威高效的监督体系，营造了尊崇制度、遵守制度的良好氛围，推动各方面制度更加成熟、更加定型，形成了中国共产党之治、中国之治的独特优势。

党的十八大以来党内集中教育开展情况

时间	主题
2013—2014 年	在全党深入开展党的群众路线教育实践活动
2015 年	在县处级以上领导干部中开展“三严三实”专题教育
2016 年	在全党开展“学党章党规、学系列讲话，做合格党员”学习教育
2019 年	在全党开展“不忘初心、牢记使命”主题教育
2021 年	在全党开展党史学习教育
2023—2024 年	在全党开展学习贯彻习近平新时代中国特色社会主义思想主题教育

——中国人民焕发出更为强烈的历史自觉和主动精神。中国人民的前进动力更加强大、奋斗精神更加昂扬、必胜信念更加坚定，志气、骨气、底气空前增强，焕发出前所未有的历史主动精神、历史创造精神。

前进动力更加强大。新时代十年是以不可阻挡的步伐迈向伟大复兴的十年，我们在中华大地上全面建成了小康社会，向中华民族伟大复兴迈出关键一步。我们沿着实现中华民族伟大复兴的唯一正确道路，把中国发展进步的命运牢牢掌握在自己手中。“天眼”探空、“北斗”组网、“嫦娥”登月、“天和”遨游星辰、大飞机取证试飞，一批重大工程惊艳全球；从塞罕坝到库布其，从秦岭南北到祁连山腹地，绿色版图串珠成链、聚点成面，生态文明成就举世瞩目……在人民的壮阔奋斗中，处处跃动着创造历史的火热篇章，汇聚起来就是一部人民的史诗。“当惊世界殊”的发展奇迹，“芝麻开花节节高”的美好生活，亿万人民不仅亲身经历着，而且亲手创造着。身处催人奋进的伟大时代，面对前无古人的伟大事业，中华儿女“会当水击三千里”的豪情更为澎湃，“风雨无阻向前进”的意志更为坚定，“踏平坎坷成大道”的精神更为振奋。

奋斗精神更加昂扬。中国人民是具有伟大奋斗精神的人民，回顾新时代十年极不平凡、极不寻常的征程，我们面临的各种风险挑战接踵而至，大仗一个接一个，每一仗都是靠全体人民团结奋斗、顽强斗争闯过来的。面对世所罕见、史所罕见的风险挑战，以习近平同志为核心的党中央审时度势、果敢抉择，锐意进取、攻坚克难，团结带领全党全军全国各族人民撸起袖子加油干、风雨无阻向前行，豪迈唱响“风卷红旗过大关”的壮丽凯歌，奋力书写“直挂云帆济沧海”的时代华章。新时代十年，在脱贫攻坚战场、在乡村振兴路上、在科技创新前沿、在环境保护第一线、在疫情防控各环节，处处活跃着奋斗者的英姿，处处闪动着昂扬奋进的精神，展现出当代中国的万千气象。新时代的伟大成就，是“越是艰险越向前”拼出来的，是“一个汗珠摔八瓣”

干出来的，是“敢教日月换新天”奋斗出来的。我们靠团结奋斗创造了辉煌历史，走过了万水千山，我们还要继续奋斗，勇毅前行，创造更加灿烂的明天。

必胜信念更加坚定。习近平总书记指出：“面对我们的基本国情和我们党的历史使命，没有坚定的理想和必胜的信念，没有不畏艰辛、励精图治的精神状态和艰苦奋斗、顽强拼搏的作风，就难以克服前进道路上的重重困难，难以战胜前进道路上的风险和挑战。”党的十八大以来，面对复杂多变的国际形势和艰巨繁重的国内改革发展稳定任务，我们党团结带领全党全国各族人民坚定必胜信念，积极开拓进取，披荆斩棘、勇毅前行，推动中国特色社会主义不断取得重大成就，有力坚定了干部群众信仰信念信心，有效增强了全社会的凝聚力向心力。今天的中国，对马克思主义的坚定信仰，对中国特色社会主义的坚定信念，对实现中华民族伟大复兴中国梦的坚定信心，成为指引和支撑中国人民奋进新征程、建功新时代的强大精神力量。抱定更加坚定的必胜信念，做到心中有数、眼中有光、身上有劲、脚下有路，我们必将在辉煌历史基础上续写新的辉煌，不断从胜利走向新的胜利。

——实现中华民族伟大复兴进入了不可逆转的历史进程。新时代十年，改革开放和社会主义现代化建设深入推进，书写了经济快速发展和社会长期稳定两大奇迹新篇章，我国发展具备了更为坚实的物质基础、更为完善的制度保证。

物质基础更为坚实。新时代十年，是贯彻落实新发展理念取得突出成效的十年；是我国经济实力、科技实力、综合国力跃上新台阶的十年；是全面深化改革开放、经济治理能力全面提升的十年；是经济发展平衡性、协调性、可持续性明显增强，高质量发展特征更加明显的十年；是深度融入全球经济，对世界经济影响力和贡献率持续提升的十年。我国经济迈上更高质量、更有效率、更加公平、更可持续、更为安全的发展之路，以国内大循环为主体、国内国际双循环相互促进的新发展格局加快构建，从经济大国迈向经济强国的脚步稳健有力，全面建设社会主义现代化国家的经济基础更加坚实。

制度保证更为完善。党的十八大以来，习近平总书记把制度建设摆在更加突出的位置，强调“构建系统完备、科学规范、运行有效的制度体系，使各方面制度更加成熟更加定型”。在以习近平同志为核心的党中央坚强领导下，神州大地开启了一场气势如虹、势如破竹的伟大变革。以制度建设为主线，各方面先后出台 2000 多个改革方案，支撑中国特色社会主义制度的根本制度不断筑牢、基本制度更加完善、重要制度不断创新，我们的制度保证更为巩固，“中国之制”充分转化为国家治理效能，实现“中国之治”。

——科学社会主义在 21 世纪的中国焕发出新的蓬勃生机。中国式现代化为人类实现现代化提供了新的选择，中国共产党和中国人民为解决人类面临的共同问题提供更多更好的中国智慧、中国方案、中国力量，为人类和平与发展崇高事业作出新的更大的贡献。

社会主义在中国的实践发展，推动中华民族实现了历史上最广泛、最深刻、最伟大的社会变革。20 世纪 80 年代末 90 年代初，世界社会主义遭受严重曲折。有人宣称“20 世纪将以社会主义的失败和资本主义的胜利而告终”，还有人妄称社会主义中国也将随着“多米诺骨牌效应”而倒下。但我们挺直了腰杆，顶住了冲击，经受住了考验，科学社会主义在曲折中奋起。党的十八大以来，以习近平同志为核心的党中央团结带领全党全国各族人民，以坚如磐石的战略定力、开拓创新的进取精神，推动中国特色社会主义事业取得举世瞩目的伟大成就，开创了中国特色社会主义新时代，用不可辩驳的事实彰显了科学社会主义的鲜活生命力。中国特色社会主义道路越走越宽广，使世界上正视和相信马克思主义、社会主义的人多了起来，使世界范围内两种意识形态、两种社会制度的历史演进及其较量发生了有利于马克思主义、社会主义的重大转变。

第三节　新时代伟大变革根本在于“两个确立”

新时代十年，我们党敏锐把握时代之变，抓住关系全局的历史性变化，进行了许多具有开拓性意义的理论和实践创造。十年伟大变革，正是因为以习近平同志为核心的党中央的坚强领导，才凝聚起全党和全国人民磅礴力量；正是因为习近平新时代中国特色社会主义思想的强大力量，才推动新时代党和国家事业不断向前发展，中华民族伟大复兴的航船沿着正确方向坚定前行。

一、习近平总书记作为党中央的核心、全党的核心领航掌舵

在新时代十年的伟大历史进程中，习近平总书记以马克思主义政治家、思想家、战略家的恢宏气魄、远见卓识、雄韬伟略，在风云变幻中举旗定向、领航掌舵，在大战大考中指挥若定、运筹帷幄，在惊涛骇浪中力挽狂澜、砥柱中流，充分展现了作为党的核心、人民领袖、军队统帅的坚定信仰信念、鲜明人民立场、顽强意

志品质，诠释了“我将无我，不负人民”的赤子情怀，彰显了真正的马克思主义者的高尚人格，树立了当代中国共产党人的光辉形象，赢得了全党全军全国各族人民的衷心爱戴和高度信赖，赢得了国际社会的高度赞誉。正是在时代呼唤、历史选择、人民期盼和实践锻造中，习近平总书记众望所归、当之无愧地成为党中央的核心、全党的核心。

坚定的信仰信念。“欲事立，须是心立。”信仰信念任何时候都至关重要。对共产主义的信仰，对中国特色社会主义的信念，是共产党人的政治灵魂，是共产党人经受住任何考验的精神支柱。习近平总书记强调，理想信念就是共产党人精神上的“钙”，没有理想信念，理想信念不坚定，精神上就会“缺钙”，就会得“软骨病”；马克思主义、共产主义理想是共产党人的命脉和灵魂，是经受住任何考验的精神支柱；共产党人只有树立了崇高而坚定的理想信念，才能做到不忘初心、牢记使命。强调要始终把不忘初心、牢记使命作为必修课、常修课，时常叩问和守护初心，及时修枝剪叶、补钙壮骨，把牢理想信念“总开关”，在大是大非面前旗帜鲜明，在风浪考验面前无所畏惧，在各种诱惑面前立场坚定，在关键时刻让党信得过、靠得住、能放心。为什么习近平总书记在事关党和国家前途命运的重大问题上有那么强的政治定力？就是因为有坚定的、钢铁般的信仰，这种信仰就是凝聚和团结 9800 多万名党员的强大力量。回顾新时代十年的不平凡历程，习近平总书记对复杂形势清醒准确的判断，对大局大势科学的驾驭和把握，对治国理政方略科学的谋划和制定，对内政外交国防纵横捭阖的运筹，都是源于坚如磐石、捍卫真理的信仰信念。习近平总书记之所以成为党中央的核心、全党的核心，既是在历史和实践中形成的，也是与习近平总书记坚定的信仰信念分不开的。

总书记的人民情怀

深厚的人民情怀。江山就是人民，人民就是江山。党的十八大以来，习近平总书记强调最多的是人民群众，关心最多的是人民群众。他强调，人民对美好生活的向往就是我们的奋斗目标，让老百姓过上好日子是我们一切工作的出发点和落脚点；群众路线是我们党的重要传家宝，要打破党群干群之间的“离心墙”，以人民利益为重、以人民期盼为念，始终保持党同人民群众的血肉联系，真正解决好“为了谁、依靠谁、我是谁”的问题；坚持以人民为中心的发展思想、工作导向，坚持全民共享、全面共享、共建共享、渐进共享，朝着共同富裕方向稳步前进；对人民群众的疾苦要有仁爱之心、关爱之心，对困难群众要格外关注、格外关爱、格外关心，要与群众一起过、一起干，不能作秀表演、不能沽名钓誉；要切实解决好人民最关心最直接最现实的利益问题，在幼有所育、学有所教、劳有所得、病有所医、老有所养、住有所居、弱有所扶上持续取得新进展，增进人民群众的获得感幸福感安全感；全面小康路上一个都不能少，要立下愚公移山志，以“绣花”功夫抓好精准扶贫，坚决打赢脱贫攻坚战，等等。在践行全心全意为人民服务的宗旨上，习近平总书记为全党树立了光辉典范，他始终把人民放在心中最高位置，把人民满意不满意作为一切工作的衡量标准，想群众之所想、急群众之所急，就保障和改善民生作出一系列重要指示，亲自研究、指导和推动了一大批普惠性、基础性、兜底性民生项目的实施。习近平总书记每次到地方视察工作，总是走家串户、深入群众，关心老百姓吃得怎么样、住得怎么样，关心老百姓生活得幸福不幸福，展现出亲民爱民、与群众水乳交融的真挚情怀。

强烈的使命担当。领导干部肩负着重要职务，有职就有责，有责就要担当。习近平总书记强调，人民把权力交给我们，我们就要以身许党许国、报党报国，始终坚持党的原则第一、党的事业第一、人民利益第一，有不负14亿多人民的使命担当和毅然决然；强调每一代人都有每一代人的长征路，我们这一代共产党人要接好历史的接力棒，在新的长征路上续写中国特色社会主义新篇章、创造中华民族新辉煌，努力向历史交出一份合格答卷；强调看干部就是看肩膀，看能不能负重、能不能负荷，有多大担当才能干多大事业，尽多大责任才会有多大成就，要牢记责任重于泰山，夙夜在公、勤勉工作，敢啃最硬的骨头、敢挑最重的担子；强调进行具有许多新的历史特点的伟大斗争，就要发扬斗争精神，既敢于斗争，又善于斗争，在大是大非问题上坚定不移，在改革发展稳定工作中敢于碰硬，在全面从严治党上敢于动硬，在维护国家核心利益上敢于针锋相对；要坚定历史自信、增强历史主动，在新的赶考之路上向历史和人民交出新的优异答卷，等等，充分展现了当代中国共产党人的大境界和大担当。习近平总书记干在实处、走在前列，立言立行、说到做到。在重大历史关头、重大考验面前，习近平总书记挑起了大国领袖的重担，彰显了真正的马克思主义者的高尚人格。比如，面对改革攻坚战，习近平总书记以非凡的政治魄力开启全面深化改革，推动重要领域和关键环节改革取得突破性进展，覆盖之广、力度之大、影响之深，前所未有；面对更为严峻的国家安全形势，提出总体国家安全观，统筹发展和安全，保持了我国国家安全大局稳定；面对国际局势急剧变化，勇开顶风船、无惧回头浪，在斗争中维护国家尊严和核心利益……多少关键性抉择，多少战略性举措，多少变革性实践，多少突破性进展，多少标志性成果，都是习近平总书记亲自谋划、亲自领导、亲自指挥的结果。

胸怀天下的崇高境界。中国共产党是为中国人民谋幸福、为中华民族谋复兴的党，也是为人类谋进步、为世界谋大同的党。习近平总书记强调，中国是个负责任国家，我们要努力把自己的事情办好，同时也要处理好中国和外部世界的关系，既争取更加有利的外部环境，也努力为世界和平与发展作出更大贡献。世界好，中国才能好；中国好，世界才更好。强调文明交流互鉴，是推动人类文明进步和世界和平发展的重要动力。人类社会要持续进步，各国就应该坚持要开放不要封闭，要合作不要对抗，要共赢不要独占。面对各种紧迫全球性挑战，加强团结合作，共同坐上新时代的“诺亚方舟”，人类才会有更加美好的明天，等等。进入新时代，习近平总书记从人类前途命运出发，鲜明提出并深刻阐述了构建人类命运共同体的重大理念，提出全球发展倡议、全球安全倡议、全球文明倡议，阐明了中国的安全观、发展观、义利观、全球化观、全球治理观，提出弘扬全人类共同价值、建设新型国际关系、推动共建“一带一路”高质量发展，描绘了建设持久和平、普遍安全、共同繁荣、开放包容、清洁美丽的世界的美好愿景，为维护世界和平与促进共同发展提供了中国智慧、中国方案。这些重要倡议和主张，充分体现了对国际形势变化的深刻把握，对人类发展重大问题的独特创见，展现了卓越政治家和战略家的开阔视野和宽广胸怀，彰显了大党大国领袖的天下情怀和责任担当，凸显了中国特有的大国风范、大国担当，占据了思想和道

习近平的天下情怀

义制高点。

实践证明，习近平总书记无愧为党的核心、人民领袖、军队统帅，无愧为民族复兴的“领路人”、亿万人民的“主心骨”。有习近平总书记掌舵定向，我们就有了团结奋斗的“主心骨”、成就伟业的“领路人”。确立习近平总书记党中央的核心、全党的核心地位，是历史和人民的共同选择、郑重选择、必然选择，是党和国家之幸、人民之幸、中华民族之幸。

二、习近平新时代中国特色社会主义思想的科学指引

伟大时代孕育伟大思想，伟大思想引领伟大时代。在21世纪人类思想星空中，习近平新时代中国特色社会主义思想大放异彩，成为当今世界最具深远影响力的科学理论。这一思想以其耀眼的理论魅力、雄浑的精神伟力、强大的实践威力，引领着中华民族实现伟大复兴的追梦之路，照亮着社会主义发扬光大的振兴之路，昭示着人类文明进步的光明之路。

习近平总书记是习近平新时代中国特色社会主义思想的主要创立者。在领导全党全国各族人民推进党和国家事业的实践中，习近平总书记以马克思主义政治家、思想家、战略家的历史主动精神、非凡理论勇气、卓越政治智慧、强烈使命担当，应时代之变迁、立时代之潮头、发时代之先声，提出一系列原创性的治国理政新理念新思想新战略，为习近平新时代中国特色社会主义思想的创立和发展发挥了决定性作用、作出了决定性贡献。

习近平新时代中国特色社会主义思想，坚持马克思主义立场观点方法，坚持科学社会主义基本原则，深刻总结和充分运用党百年

奋斗的历史经验，继承弘扬中华优秀传统文化精华，根据时代和实践发展变化，以崭新的思想内容丰富发展了马克思主义，形成了系统科学的理论体系。

习近平新时代中国特色社会主义思想内涵十分丰富，涵盖新时代坚持和发展中国特色社会主义的总目标、总任务、总体布局、战略布局和发展方向、发展方式、发展动力、战略步骤、外部条件、政治保证等基本问题，并根据新的实践对党的领导和党的建设、经济、政治、法治、科技、文化、教育、民生、民族、宗教、社会、生态文明、国家安全、国防和军队、“一国两制”和祖国统一、统一战线、外交等各方面作出新的理论概括和战略指引。

党的十九大、十九届六中全会提出的“十个明确”、“十四个坚持”、“十三个方面成就”概括了习近平新时代中国特色社会主义思想的主要内容。党的二十大提出“六个必须坚持”，概括阐述了习近平新时代中国特色社会主义思想的世界观、方法论和贯穿其中的立场观点方法。

“十个明确”，就是明确中国特色社会主义最本质的特征是中国共产党领导，中国特色社会主义制度的最大优势是中国共产党领导，中国共产党是最高政治领导力量，全党必须增强“四个意识”、坚定“四个自信”、做到“两个维护”；明确坚持和发展中国特色社会主义，总任务是实现社会主义现代化和中华民族伟大复兴，在全面建成小康社会的基础上，分两步走在本世纪中叶建成富强民主文明和谐美丽的社会主义现代化强国，以中国式现代化推进中华民族伟大复兴；明确新时代我国社会主要矛盾是人民日益增长的美好生活需要和不平衡不充分的发展之间的矛盾，必须坚持以人民为中心的发展思想，发展全过程人民民主，推动人的全面发展、全体人民共同富裕取得更为明显的实质性进展；明确中国特色社会主义事业总体布局是经济建设、政治建设、文化建设、社会建设、生态文明建设五位一体，战略布局是全面建设社会主义现代化国家、全面深化改革、全面依法治国、全面从严治党四个全面；明确全面深化改革总目标是完善和发展中国特色社会主义制度、推进国家治理体系和治理能力现代化；明确全面推进依法治国总目标是建设中国特色社会主义法治体系、建设社会主义法治国家；明确必须坚持和完善社会主义基本经济制度，使市场在资源配置中起决定性作用，更好发挥政府作用，把握新发展阶段，贯彻创新、协调、绿色、开放、共享的新发展理念，加快构建以国内大循环为主体、国内国际双循环相互促进的新发展格局，推动高质量发展，统筹发展和安全；明确党在新时代的强军目标是建设一支听党指挥、能打胜仗、作风优良的人民军队，把人民军队建设成为世界一流军队；明确中国特色大国外交要服务民族复兴、促进人类进步，推动建设新型国际关系，推动构建人类命运共同体；明确全面从严治党的战略方针，提出新时代党的建设总要求，全面推进党的政治建设、思想建设、组织建设、作风建设、纪律建设，把制度建设贯穿其中，深入推进反腐败斗争，落实管党治党政治责任，以伟大自我革命引领伟大社会革命。

“十四个坚持”，就是坚持党对一切工作的领导，坚持以人民为中心，坚持全面深化改革，坚持新发展理念，坚持人民当家作主，坚持全面依法治国，坚持社会主义核心价值体系，坚持在发展中保障和改善民生，坚持人与自然和谐共生，坚持总体国家安全观，坚持党对人民军队的绝对领导，坚持“一国两制”和推进祖国统一，坚持推动构建人类命运共同体，坚持全面从严治党。

“十三个方面成就”，就是在坚持党的全面领导、全面从严治党、经济建设、全面深化改革开放、政治建设、全面依法治国、文化建设、社会建设、生态文明建设、国防和军队建设、维护国家安全、坚持“一国两制”和推进祖国统一、外交工作等方面取得的历史性成就和发生的历史性变革。“十三个方面成就”对新时代伟大实践进行科学总结，全景式展示了习近平新时代中国特色社会主义思想的理论与实践成果。

“六个必须坚持”，就是必须坚持人民至上、必须坚持自信自立、必须坚持守正创新、必须坚持问题导向、必须坚持系统观念、必须坚持胸怀天下。

“十个明确”、“十四个坚持”、“十三个方面成就”、“六个必须坚持”内在贯通、有机统一，凝结着我们党认识世界、改造世界的宝贵经验和重大成果，体现了理论与实际相结合、认识论和方法论相统一的鲜明特色，共同构成了习近平新时代中国特色社会主义思想的科学体系。这一科学体系逻辑严密、内涵丰富、系统全面、博大精深，贯通马克思主义哲学、马克思主义政治经济学、科学社会主义，贯通历史、现实和未来，贯通改革发展稳定、内政外交国防、治党治国治军等各领域，既坚持了老祖宗，又讲了很多新话，为丰富发展马克思主义作出了原创性贡献，为传承发展中华优秀传统文化作出了历史性贡献，为推动人类文明进步事业作出了世界性贡献。

习近平新时代中国特色社会主义思想，把马克思主义基本原理同中国具体实际相结合、同中华优秀传统文化相结合，使马克思主义这个魂脉和中华优秀传统文化这个根脉内在贯通、相互成就，是中华民族的文化主体性最有力的体现，是中华文化和中国

曾经被伶仃洋隔断的珠江口两岸城市群，正被一条条交通大动脉连通。粤港澳大湾区高质量发展，充分彰显习近平新时代中国特色社会主义思想的真理之光。图为 2022 年 6 月 29 日拍摄的正在建设的深中通道。（新华社发　黄春华 / 摄）

精神的时代精华。这一重要思想坚守中华文化立场，植根于 5000 多年中华文明深厚沃土，立足中华民族伟大复兴的现实要求，用中华文明充实马克思主义的文化生命，使马克思主义呈现鲜明的中国风格、中国气派，用马克思主义进一步激活中华文明的基因，使中华文明的现代形态实现新的发展。这一重要思想深刻揭示了中华文明的突出特性、精神实质，深化了对中华文明发展规律的认识，具有强大的历史穿透力、文化感染力和精神感召力，为建设中华民族现代文明、创造人类文明新形态提供思想指引和精神动力。

习近平新时代中国特色社会主义思想，是全党全国各族人民为实现中华民族伟大复兴而奋斗的行动指南，是新时代党和国家事业发展的根本遵循。这一重要思想指导我们党团结带领全国各族人民，统揽伟大斗争、伟大工程、伟大事业、伟大梦想，开创了中国特色社会主义新时代，完成了脱贫攻坚、全面建成小康社会的历史任务，续写了经济快速发展和社会长期稳定两大奇迹，推动中华民族伟大复兴进入了不可逆转的历史进程，为人类和平与发展崇高事业作出重大贡献，在指导实践、推动实践中展现出巨大真理力量和独特思想魅力，是经过实践检验、富有实践伟力的强大思想武器。这一重要思想是全面建成社会主义现代化强国、以中国式现代化全面推进中华民族伟大复兴的科学指引，是我们应对各种风险挑战、战胜一切艰难险阻的根本指针，是全党全国各族人民团结奋斗、勇毅前行创造新的历史伟业的精神旗帜。

“两个确立”的重大论断贯通历史、现实和未来，充分体现了我们党对马克思主义唯物史观和建党学说的科学运用与深化发展，充分体现了我们党不断推进实践基础上的理论创新，充分体现了马克思主义最新理论成果对伟大实践的科学指引，以全新的视野深化了对共产党执政规律、社会主义建设规律、人类社会发展规律的认识，为我们在新时代新征程掌握历史主动、保持战略定力、坚持正确航向、推进复兴伟业提供了坚实思想基础和科学行动指引。

本章小结

山雄有脊，房固赖梁。中国特色社会主义进入新时代，习近平总书记作为党中央的核心、全党的核心，展现出非凡的判断力、决策力、行动力，带领亿万人民从容应对各种复杂局面和风险挑战，推动党和国家事业取得历史性成就、发生历史性变革，让党的面貌、国家的面貌、人民的面貌、军队的面貌、中华民族的面貌发生了前所未有的变化，不愧为“中华号”巨轮的掌舵者、中华民族伟大复兴的领航人。

思想之旗领航向，人间正道开新篇。中国共产党为什么能，中国特色社会主义为什么好，归根到底是马克思主义行，是中国化时代化的马克思主义行。习近平新时代中国特色社会主义思想在深邃的历史洞察中，发出时代的先声，奏响前行的凯歌，是为新时代伟大变革所证明的科学理论。

思考题

1. 如何理解党的十八大以来党和国家事业取得的历史性成就、发生的历史性变革？

2. 为什么说新时代十年的伟大变革在党史、新中国史、改革开放史、社会主义发展史、中华民族发展史上具有里程碑意义？

3. 如何理解新时代党和国家事业取得历史性成就、发生历史性变革，根本在于“两个确立”？

第四章

Chapter Four

坚定拥护“两个确立”，努力实现新时代新征程的目标任务

“万山磅礴，必有主峰。”历史和实践充分证明，坚强的领导核心、科学的理论指导始终是关系党和国家前途命运、党和人民事业兴衰成败的根本性问题。迈上新时代新征程，我们要以高度的政治责任感，深刻领悟“两个确立”的决定性意义，增强“四个意识”、坚定“四个自信”、做到“两个维护”，努力实现新时代新征程的目标任务。

习近平：在中国共产党第二十次全国代表大会上的报告

第一节　坚决做到“两个维护”

坚持党的领导，最根本的是坚持党中央权威和集中统一领导，这是一个成熟的马克思主义执政党的重大建党原则。党的百年历史、新中国发展的历史表明，要治理好我们这个大党、治理好我们这个大国，保证党的团结和集中统一至关重要，维护党中央权威至关重要。党中央集中统一领导，是风雨来袭时全党和全国人民的坚实依托，是战胜前进道路上一切艰难险阻和风险挑战的可靠保证，是党保持团结统一和强大战斗力、不断取得胜利的关键所在。坚持和加强党中央集中统一领导，关系党、民族、国家前途命运，决不是一般问题和个人的事，而是方向性、原则性问题，是党性，是大局，是全党共同的政治责任，任何时候任何情况下都不能含糊、不能动摇。新时代新征程，坚决维护党中央权威和集中统一领导，最关键的是坚决维护习近平总书记党中央的核心、全党的核心地位。

一、“两个维护”是党的最高政治原则和根本政治规矩

坚持和加强党中央集中统一领导，首先要落实到坚定维护党中央权威上，落实到增强“四个意识”、坚定“四个自信”、做到“两个维护”的实际行动上。党中央必须有定于一尊、一锤定音的权威，这样才能“如身使臂，如臂使指，叱咤变化，无有留难，则天下之势一矣”。如果没有党中央定于一尊的权威，党中央决定了的事都不去照办，还是各说各的话、各做各的事，那就什么事情也办

不成了。

坚决维护习近平总书记党中央的核心、全党的核心地位，坚决维护党中央权威和集中统一领导，是最根本的政治纪律和政治规矩，是检验党员干部理想信念、政治立场、党性修养和能力作风的试金石。每一个党的组织、每一名党员干部，无论处在哪个领域、哪个层级、哪个部门和单位，都要坚决做到“两个维护”，把“两个维护”作为政治大节来恪守、作为根本政治责任来履行，这是党和国家前途命运所系，是全国各族人民根本利益所在。

“两个维护”在本质上是一体的。船重千钧，掌舵一人。一个国家、一个政党，领导核心至关重要。维护习近平总书记核心地位，就是维护党中央权威和集中统一领导；维护党中央权威和集中统一领导，首先要维护习近平总书记核心地位。

做到“两个维护”，必须把握其科学内涵。“两个维护”的内涵是特定的、统一的。维护习近平总书记核心地位，对象是习近平总书记而不是其他任何人；维护党中央权威和集中统一领导，对象是党中央而不是其他任何组织。要深刻认识“两个维护”的政治内涵，核心只有党中央的核心，看齐只能向党中央看齐，这个逻辑不能层层推下去。层层提权威、要看齐，党中央权威、向党中央看齐就会被虚化、弱化，这在政治上是错误的甚至是有害的。党员干部不论做什么工作、级别多高，都是党的干部、组织的人，要牢记第一职责是为党工作，重要提法都要同党中央对表。一定要认识到地方和部门的权威都来自党中央权威，地方和部门的工作都是对党中央决策部署的具体落实，在地方和部门工作的同志都是党派去工作的，不是独立存在的，也不是孤立存在的，没有天马行空、为所欲为的权力。

做到“两个维护”，必须做到对党忠诚。做到“两个维护”，既要体现高度的理性认同、情感认同，又要有坚决的维护定力和能力，从根本上讲就是要做到对党忠诚。“天下至德，莫大于忠。”党内所有的政治问题，归根到底就是对党是否忠诚。对党忠诚，必须体现到对党的信仰的忠诚上，体现到对党组织的忠诚上，体现到对党的理论和路线方针政策的忠诚上。对党忠诚，是纯粹的、无条件的，是政治标准、更是实践标准。必须做到心中有党、心中有民、心中有责、心中有戒，增强政治定力、纪律定力、道德定力、抵腐定力，自觉维护党中央权威和党的团结统一。

做到“两个维护”，必须增强“四个意识”、坚定“四个自信”。“两个维护”与“四个意识”、“四个自信”是相辅相成的整体，“四个意识”不牢固、“四个自信”没底气，“两个维护”就不会自觉坚定。

2021 年 6 月 3 日，党员在上海中共一大纪念馆重温入党誓词。（新华社记者刘颖 / 摄）

增强政治意识、大局意识、核心意识、看齐意识，最终要落脚在看齐上。就像军队一样，再训练有素的部队也经常要喊看齐，而且要天天喊、时时喊。任何时候任何情况下都要坚持同党中央保持高度一致，在党中央统一指挥的合奏中形成和声，决不能荒腔走板、变味走调；任何时候任何情况下都要坚持以党的旗帜为旗帜、以党的方向为方向、以党的意志为意志；任何时候任何情况下都要与党中央同心同德，真心爱党、时刻忧党、坚定护党、全力兴党。

做到“两个维护”，必须从自己做起。要把“两个维护”体现在坚决贯彻党中央决策部署的行动上，体现在履职尽责、做好本职工作的实效上，体现在党员干部的日常言行上，不能只停留在口头表态上。如果连本职工作都没有做好，不担当不作为，把党组织交给的“责任田”撂荒了甚至弄丢了，那就根本谈不上“两个维护”。只要我们坚决做到“两个维护”，不断增强忠诚核心、拥戴核心、维护核心、捍卫核心的政治自觉、思想自觉、行动自觉，始终在思想上政治上行动上同以习近平同志为核心的党中央保持高度一致，就一定能够确保全党全军全国各族人民团结一致向前进。

怎样检验党员干部是不是对党忠诚

检验党员干部是不是对党忠诚，在革命年代就要看能不能为党和人民事业冲锋陷阵、舍生忘死，在和平时期也有明确的检验标准。比如，能不能坚持党的领导，坚决维护党中央权威和集中统一领导，自觉在思想上政治上行动上同党中央保持高度一致；能不能坚决贯彻执行党的理论和路线方针政策，不折不扣把党中央决策部署落到实处；能不能严守党的政治纪律和政治规矩，做政治上的明白人、老实人；能不能坚持党和人民事业高于一切，自觉执行组织决定，服从组织安排，等等，都是对党忠诚的直接检验。

——习近平：《在2021年秋季学期中央党校（国家行政学院）中青年干部培训班开班式上的讲话》（2021年9月1日）

二、不断提高政治判断力、政治领悟力、政治执行力

政治问题，任何时候都是根本性的大问题。旗帜鲜明讲政治，既是马克思主义政党的鲜明特征，也是我们党一以贯之的政治优势。“壹引其纲，万目皆张。”党领导人民治国理政，最重要的就是坚持正确政治方向，始终保持我们党的政治本色，始终沿着中国特色社会主义道路前进。从建党的开天辟地，到新中国成立的改天换地，到改革开放的翻天覆地，再到党的十八大以来党和国家事业取得历史性成就、发生历史性变革，根本原因就在于我们党始终坚守为中国人民谋幸福、为中华民族谋复兴的初心和使命。我们党要始终做到不忘初心、牢记使命，做到“两个维护”，把党和人民事业长长久久推进下去，必须始终保持高度的政治敏锐性，善于从政治上分析形势的发展变化和趋势，不断提高政治判断力、政治领悟

力、政治执行力，使讲政治的要求从外部要求转化为内在主动。

讲政治必须提高政治判断力。我们党领导人民进行革命、建设、改革的历史进程反复证明了一个道理：政治上的主动是最有利的主动，政治上的被动是最危险的被动。增强政治判断力，就要以国家政治安全为大、以人民为重、以坚持和发展中国特色社会主义为本，增强科学把握形势变化、精准识别现象本质、清醒明辨行为是非、有效抵御风险挑战的能力。要善于思考涉及党和国家工作大局的根本性、全局性、长远性问题，加强战略性、系统性、前瞻性研究谋划，做到在重大问题和关键环节上头脑特别清醒、眼睛特别明亮，善于从一般事务中发现政治问题，善于从倾向性、苗头性问题中发现政治端倪，善于从错综复杂的矛盾关系中把握政治逻辑，坚持政治立场不移、政治方向不偏。

讲政治必须提高政治领悟力。领导干部特别是高级领导干部担的是政治责任，必须对党中央精神深入学习、融会贯通，坚持用党中央精神分析形势、推动工作，始终同党中央保持高度一致。党的高级干部是贯彻落实党中央精神的重要组织者和推动者，更应该不断提高政治领悟力，对“国之大者”了然于胸，时刻关注党中央在关心什么、强调什么，深刻领会什么是党和国家最重要的利益、什么是最需要坚定维护的立场。要增强大局观念，牢固树立全国一盘棋思想，坚持算大账、算长远账，不打小算盘、不搞小聪明，把地区和部门工作融入党和国家事业大局，明确自己的职责定位，自觉防止和反对个人主义、分散主义、自由主义、本位主义，做到既为一域争光又为全局添彩。

讲政治必须提高政治执行力。领导干部特别是高级干部要经常同党中央精神对表对标，把贯彻党中央精神体现到谋划重大战略、制定重大政策、部署重大任务、推进重大工作的实践中去，切实做到党中央提倡的坚决响应，党中央决定的坚决执行，党中央禁止的坚决不做，坚决维护党中央权威和集中统一领导，做到不掉队、不走偏，不折不扣抓好党中央精神贯彻落实。要把坚持底线思维、坚持问题导向贯穿工作始终，做到见微知著、防患于未然，防止非公共性风险扩大为公共性风险、非政治性风险蔓延为政治风险。要因地制宜、因时制宜，紧密结合各自实际，知责于心、担责于身、履责于行，敢于直面问题，不回避矛盾，不掩盖问题，开动脑筋、主动作为、大胆作为，创造性开展工作，真正让党中央决策部署落地见效。

讲政治必须严以律己，慎终如始，时刻自重自省自警自励，做到慎独慎初慎微慎友。要像珍惜生命一样珍惜自己的节操，做一个一尘不染的人。要带头廉洁治家，带头反对特权。要时刻绷紧政治纪律这根弦，坚持党的领导不动摇，贯彻党的路线方针政策不含糊，始终做政治上的明白人。

三、健全总揽全局、协调各方的党的领导制度体系

党政军民学、东西南北中，党是领导一切的。党的领导是全面的、系统的、整体的，必须全面、系统、整体加以落实。人大、政府、政协、监委、法院、检察院、军队，各民主党派和无党派人士，各企事业单位，工会、共青团、妇联等群团组织，都要坚持中国共产党领导，一个都不能少。做到“两个维护”，必须健全总揽全局、协调各方的党的领导制度体系。

中国特色社会主义制度是一个严密完整的科学制度体系，起

四梁八柱作用的是根本制度、基本制度、重要制度，其中具有统领地位的是党的领导制度。中国特色社会主义制度的优势能不能发挥好，关键在于党的领导制度能不能执行好。党的领导制度是我国的根本领导制度。党的十九届四中全会对健全总揽全局、协调各方的党的领导制度体系作出部署，抓住了国家治理的关键和根本。健全总揽全局、协调各方的党的领导制度体系，把党的领导落实到国家治理各领域各方面各环节，这是党领导人民进行革命、建设、改革最宝贵的经验。推进各方面制度建设、推动各项事业发展、加强和改进各方面工作，都必须坚持党的领导，自觉贯彻党总揽全局、协调各方的根本要求。

中共中央关于坚持和完善中国特色社会主义制度　推进国家治理体系和治理能力现代化若干重大问题的决定

健全总揽全局、协调各方的党的领导制度体系，必须推动不忘初心、牢记使命的制度落实落地，确保全党遵守党章，恪守党的性质和宗旨，把不忘初心、牢记使命作为加强党的建设的永恒课题和全体党员干部的终身课题，形成长效机制，使一切工作顺应时代潮流、符合发展规律、体现人民愿望，确保党始终走在时代前列、得到人民衷心拥护。

健全总揽全局、协调各方的党的领导制度体系，必须完善坚定维护党中央权威和集中统一领导的各项制度，健全党中央对重大工作的领导体制，强化党中央决策议事协调机构职能作用，完善推动党中央重大决策落实机制，严格执行向党中央请示报告制度，推动全党坚决把维护习近平总书记党中央的核心、全党的核心地位落到实处。

健全总揽全局、协调各方的党的领导制度体系，必须健全党的全面领导制度，完善党领导人大、政府、政协、监察机关、审判机关、检察机关、武装力量、人民团体、企事业单位、基层群众自治组织、社会组织等制度，健全各级党委（党组）工作制度，完善党领导各项事业的具体制度，完善党和国家机构职能体系，把党的领导贯彻到党和国家所有机构履行职责全过程，推动各方面协调行动、增强合力。

健全总揽全局、协调各方的党的领导制度体系，必须健全为人民执政、靠人民执政各项制度，完善党员、干部联系群众制度，创新互联网时代群众工作机制，健全联系广泛、服务群众的群团工作体系，保证人民在国家治理中的主体地位，着力防范脱离群众的危险，巩固党执政的阶级基础，厚植党执政的群众基础。

健全总揽全局、协调各方的党的领导制度体系，必须健全提高党的执政能力和领导水平制度，完善发展党内民主和实行正确集中的相关制度，健全决策机制，完善担当作为的激励机制，提高党把方向、谋大局、定政策、促改革的能力。

健全总揽全局、协调各方的党的领导制度体系，必须完善全面从严治党制度，坚持依规治党，建立健全以党的政治建设为统领，全面推进党的各方面建设的体制机制，健全党管干部、选贤任能制度，完善和落实全面从严治党责任制度，不断增强党的创造力、凝聚力、战斗力，确保党始终成为中国特色社会主义事业的坚强领导核心。

健全总揽全局、协调各方的党的领导制度体系，要通过深化党和国家机构改革，努力从机构职能上解决党对一切工作领导的体制机制问题，解决党长期执政条件下我国国家治理体系中党政军群的机构职能关系问题，为有效发挥中国共产党领导这一最大制度优势提供完善有力的体制机制保障、坚实的组织基础和有效的工作体系，确保党对国家和社会实施领导的制度得到加强和完善，更好担负起进行伟大斗争、建设伟大工程、推进伟大事业、实现伟大梦想的重大职责。

实践证明，党、政、军、民、学在党中央的集中统一领导下，既各司其职、各负其责又相互配合，这样治国理政才有方向、有章法、有力量。否则就会出现各自为政、一盘散沙的局面，不仅我们确定的目标不能实现，而且必定会产生灾难性后果。无论是面临复杂局势还是处理复杂矛盾和问题，只要健全总揽全局、协调各方的党的领导制度体系，严格按照制度办事，大方向就不会错，就不会走偏走歪，就能避免犯政治性、方向性错误。

四、贯彻民主集中制，创新和改进领导方式

党的二十大报告强调，要坚持科学执政、民主执政、依法执政，贯彻民主集中制，创新和改进领导方式，提高党把方向、谋大局、定政策、促改革能力，调动各方面积极性。这是坚持和加强党中央集中统一领导的重要内容，也是做到“两个维护”的必然要求。民主集中制是我们党的根本组织原则和领导制度，是激发党的创造活力、保持党的团结统一的根本保证。民主集中制包括民主和集中两个方面，两者互为条件、相辅相成、缺一不可。

“两个维护”是新时代对民主集中制的创造性运用，同贯彻民主集中制是内在统一的。强调维护党中央权威和集中统一领导，绝对不是不要民主集中制了、不要发扬党内民主了，不能把这两者对立起来。如果认为集中是为了约束、压制民主，则完全是一种误

解。我们实行的民主集中制，是又有集中又有民主、又有纪律又有自由、又有统一意志又有个人心情舒畅生动活泼的制度，是民主和集中紧密结合的制度。在充分发扬民主的基础上进行集中，坚持党中央权威和集中统一领导，集中全党智慧，体现全党共同意志，是我们党的一大创举，也是中国共产党领导和我国社会主义制度的优势所在。这样做，既有利于做到科学决策、民主决策、依法决策，避免发生重大失误甚至颠覆性错误；又有利于克服分散主义、本位主义，避免议而不决、决而不行，形成推进党和国家事业发展的强大合力。只有把民主和集中有机统一起来，才能真正把民主集中制的优势变成我们党的政治优势、组织优势、制度优势、工作优势。

贯彻执行民主集中制是全党的共同政治责任，首先是各级领导干部的责任。经过长期努力，我们党已经形成了一套比较完备的民主集中制制度体系。要全面掌握民主集中制各项制度的基本要求，对应该怎么做、不应该怎么做了如指掌，切忌在这个问题上犯糊涂。要不折不扣执行制度，该遵守的程序严格遵守，不能为省事在程序上搞偷工减料、随意变通。特别是应该向党中央和上级党组织请示报告的事项，决不能自作主张或先斩后奏。要严格执行领导班子议事决策规则，完善并落实“三重一大”决策监督机制，不要搞个人专断、“一言堂”，不要搞个别授意、私下交易。要实行集体领导和个人分工负责相结合，服从组织决定和组织分工，按照党中央精神和集体决策在职责范围内履行职责，不要在落实集体决定中擅自改变集体决定，不要把个人意志强加给集体、组织或他人，不要插手干预不属于自己分管领域或者应该回避的工作事项。

创新和改进领导方式，必须适应时代变化，既改革不适应实践发展要求的体制机制、法律法规，又不断构建新的体制机制、法律

2018 年 3 月 11 日，十三届全国人大一次会议在北京人民大会堂举行第三次全体会议，通过了《中华人民共和国宪法修正案》，将“中国共产党领导是中国特色社会主义最本质的特征”写入宪法。图为投票表决的现场。

法规，使各方面制度更加科学、更加完善，实现党、国家、社会各项事务治理制度化、规范化、程序化。要更加注重治理能力建设，增强按制度办事、依法办事意识，善于运用制度和法律治理国家，善于使党的主张通过法定程序成为国家意志，善于使党组织推荐的人选通过法定程序成为国家政权机关的领导人员，善于通过国家政权机关实施党对国家和社会的领导，善于运用民主集中制原则维护党和国家权威、维护全党全国团结统一，把各方面制度优势转化为管理国家的效能，提高党科学执政、民主执政、依法执政水平。

党的十八大以来，党中央审议重要文件时，都要求报告征求意见的情况，同意的要报告，不同意的也要报告。党中央领导同志也经常通过召开座谈会、下沉调研、找人谈话、研究调研材料等多种形式，听取各方面意见和建议。党中央作出重大决策都是很慎重的，重大方案要经过部门讨论、各有关中央领导小组讨论、国务院讨论，然后才拿到中央政治局常委会会议、中央政治局会议上审议。如果审议通不过，还要拿回去重新研究，研究修改好了以后再上会讨论。这些环节都有制度性规定，不是可有可无的。很多重大工作部署，从部门提出到中央政治局会议审议通过，要经过五六道关，涉法事项还要到全国人大讨论。看上去有些繁琐，但这样做的目的，就是为了充分发扬民主，广泛听取意见和建议，做到兼听则明，防止偏听则暗，做到科学决策、民主决策、依法决策。

第二节　用习近平新时代中国特色社会主义思想凝心铸魂

习近平：在学习贯彻习近平新时代中国特色社会主义思想主题教育工作会议上的讲话

新时代新征程，面对错综复杂的国际国内形势、艰巨繁重的改革发展稳定任务、各种不确定难预料的风险挑战，要实现党的二十大确定的战略目标，迫切需要广大党员、干部特别是各级领导干部坚持不懈用习近平新时代中国特色社会主义思想凝心铸魂。要全面、系统、深入学习习近平新时代中国特色社会主义思想，完整准确掌握这一重要思想的科学体系、精髓要义、实践要求，全面把握这一重要思想的世界观、方法论和贯穿其中的立场观点方法，切实做到学思用贯通、知信行统一，将之转化为坚定理想、锤炼党性和指导实践、推动工作的强大力量，使全党始终保持统一的思想、坚定的意志、协调的行动、强大的战斗力，努力在以学铸魂、以学增智、以学正风、以学促干方面取得实实在在的成效。

一、以学铸魂，筑牢信仰之基、补足精神之钙、把稳思想之舵

以学铸魂，就是要做好学习贯彻习近平新时代中国特色社会主义思想的深化、内化、转化工作，从思想上正本清源、固本培元，筑牢信仰之基、补足精神之钙、把稳思想之舵。

以学铸魂，就要坚定理想信念，增强对党的价值追求和前进方向的高度政治认同，把好世界观、人生观、价值观这个“总开关”。坚定理想信念，是共产党人的政治灵魂，是共产党人经受住任何考验的精神支柱。习近平总书记指出：“坚定的理想信念，永远是激励我们奋勇向前、克难制胜不竭的力量源泉。”没有理想信念，理想信念不坚定，精神上就会“缺钙”，就会得“软骨病”。现实生活中，一些党员、干部出这样那样的问题，说到底是信仰迷茫、精神迷失。理想信念的坚定，来自思想理论的坚定。认识真理，掌握真理，信仰真理，捍卫真理，是坚定理想信念的精神前提。中国共产党人的理想信念，建立在马克思主义科学真理的基础之上，建立在马克思主义揭示的人类社会发展规律的基础之上，建立在为最广大人民谋利益的崇高价值的基础之上。要全面学习领会习近平新时代中国特色社会主义思想，不断增进对党的创新理论的政治认同、思

想认同、理论认同、情感认同，坚定对马克思主义的信仰、对中国特色社会主义的信念、对实现中华民族伟大复兴中国梦的信心。只有自觉用习近平新时代中国特色社会主义思想改造主观世界，深刻领会这一重要思想关于坚定理想信念、提升思想境界、加强党性锻炼等一系列要求，才能始终保持共产党人的政治本色，才能在大是大非面前旗帜鲜明，在风浪考验面前无所畏惧，在各种诱惑面前立场坚定，在关键时刻让党信得过、靠得住、能放心。

以学铸魂，就要铸牢对党忠诚，自觉坚持党的全面领导、坚定维护党中央权威和集中统一领导，不断提高政治判断力、政治领悟力、政治执行力，始终在政治立场、政治方向、政治原则、政治道路上同党中央保持高度一致，把对党忠诚体现到贯彻落实好党中央决策部署的实际行动上。对党忠诚，是中国共产党人首要的政治品质。我们党一路走来，历经了无数艰险和磨难，但任何困难都没有压垮我们，任何敌人都没能打倒我们，靠的就是千千万万党员的忠诚。坚持用党的创新理论武装全党，锤炼品格，强化忠诚，才能共同把党锻造成一块攻无不克、战无不胜的坚硬钢铁，使全党始终保持统一的思想、坚定的意志、协调的行动、强大的战斗力。

以学铸魂，就要站稳人民立场，强化宗旨意识，坚守初心使命，践行党的群众路线，把人民群众满意不满意作为评判工作成效的根本标准，解决好人民群众最关心最直接最现实的利益问题，把惠民生的事办实、暖民心的事办细、顺民意的事办好，让现代化建设成果更多更公平惠及全体人民。人民性是马克思主义的本质属性，人民立场是中国共产党的根本政治立场。党的理论是来自人民、为了人民、造福人民的理论。中国共产党没有自己的私利，执政就是为人民服务，就是让人民群众幸福起来。党的二十大报告把

“必须坚持人民至上”放到“六个必须坚持”的首位。在习近平新时代中国特色社会主义思想的理论体系中，“人民”二字具有基础性、根本性的地位和作用，人民至上是理论基点、价值支点、实践原点，体现了这一重要思想的鲜明本色和根本立场。坚持用习近平新时代中国特色社会主义思想凝心铸魂，把这一科学理论变成改造主观世界和客观世界的强大思想武器，就要深刻领悟、准确把握必须坚持人民至上的重要立场观点方法，真正做到内化于心、外化于行。必须深刻认识到，“江山就是人民，人民就是江山。中国共产党领导人民打江山、守江山，守的是人民的心”。只有站稳人民立场，坚持全心全意为人民服务的根本宗旨，始终把人民利益放在最高位置，始终同人民站在一起、想在一起、干在一起，才能赢得民心、赢得时代，不断从胜利走向新的胜利。

二、以学增智，把看家本领、兴党本领、强国本领学到手

以学增智，就是要从习近平新时代中国特色社会主义思想中悟规律、明方向、学方法、增智慧，把看家本领、兴党本领、强国本领学到手。

以学增智，就要提升政治能力，善于从党和人民的立场、党和国家工作大局出发想问题、作决策、办事情，善于从繁杂问题中把握事物的规律性、从苗头问题中发现事物的趋势性、从偶然问题中认识事物的必然性，善于驾驭复杂局面、凝聚社会力量、防范政治风险，切实担负好党和人民赋予的政治责任，真正成为政治上的明白人。在干部干好工作所需的各种能力中，政治能力是第一位的。只有站在政治高度看，有了过硬的政治能力，对党中央的大政方针

和决策部署才能领会更透彻，才能在任何时候任何情况下都能“不畏浮云遮望眼”、“乱云飞渡仍从容”。当前，我国发展面临新的战略机遇、新的战略任务、新的战略阶段、新的战略要求、新的战略环境。越是任务艰巨、形势复杂，越要注重提升政治能力，切实担负好党和人民赋予的政治责任。提升政治能力，必须时刻把事关党和国家前途命运、事关人民根本利益的大事放在心上，把维护党中央权威和集中统一领导作为最根本的政治纪律和政治规矩，把地区和部门工作融入党和国家事业大局，一切在大局下思考、一切在大局下行动，真正让党中央决策部署落地见效。提升政治能力，必须切实担负起政治责任。各级党组织和领导干部要有很强的责任意识，无论什么时候，该做的事，知重负重、攻坚克难，顶着压力也要干；该负的责，挺身而出、冲锋在前，冒着风险也要担。

以学增智，就要提升思维能力，把习近平新时代中国特色社会主义思想的世界观、方法论和贯穿其中的立场观点方法转化为自己的科学思想方法，作为研究问题、解决问题的“总钥匙”和看家本领，切实提高战略思维、辩证思维、系统思维、创新思维、历史思维、法治思维、底线思维、极限思维能力，做到善于把握事物本质、把握发展规律、把握工作关键、把握政策尺度，增强工作科学性、预见性、主动性、创造性。提高战略思维能力，就要以小见大、见微知著，站在时代前沿和战略全局的高度观察、思考和处理问题，从政治上认识和判断形势，透过纷繁复杂的表面现象把握事物的本质和发展的内在规律，在解决突出问题中实现战略突破，在把握战略全局中推进各项工作。提高辩证思维能力，就要客观地而不是主观地、发展地而不是静止地、全面地而不是片面地、系统地而不是零散地、普遍联系地而不是孤立地观察事物、分析问题、解决问题。要正确分析矛盾，在对立中把握统一、在统一中把握对立，克服极端化、片面化，善于运用辩证思维谋划经济社会发展。提高系统思维能力，就要善于统揽伟大斗争、伟大工程、伟大事业、伟大梦想，善于统筹推进“五位一体”总体布局、协调推进“四个全面”战略布局，妥善处理发展中的各种重大关系，在权衡利弊中趋利避害、作出最为有利的战略抉择，切实做到前瞻性思考、全局性谋划、整体性推进各项事业。提高创新思维能力，就要从根本上打破迷信经验、迷信本本、迷信权威的惯性思维，破除因循守旧、思想僵化、形式主义和无所作为，以敢为人先的锐气，勇于开拓新的方向，在把握事物发展客观规律的基础上实现变革和创新。提高历史思维能力，就要加强对历史的学习，深刻把握历史规律、认清历史趋势、总结历史经验、牢记历史教训，在对历史的深入思考中做好现实工作、更好走向未来。提高法治思维能力，就要增强法治观念，尊崇和遵守宪法法律，做到在法治之下、而不是法治之外、更不是法治之上想问题、作决策、办事情，自觉在法治轨道上运用法治思维和法治方式深化改革、推动发展、化解矛盾、维护稳定。提高底线思维、极限思维能力，就要善于运用底线思维、极限思维的方法，打有准备、有把握之仗，牢牢把握工作主动权，着力防范化解重大风险。

以学增智，就要提升实践能力，全面把握习近平新时代中国特色社会主义思想的实践要求，增强推动高质量发展、服务群众、防范化解风险本领，加强斗争精神和斗争本领养成，着力增强防风险、迎挑战、抗打压能力，及时填知识空白、补素质短板、强能力弱项，不断提高专业化水平。干事创业，既要政治过硬，又要本领高强。现在的领导干部学历都比较高，很多人有博士、硕士学位，但仍然存在“本领恐慌”、能力不足的问题。履行好党和人民赋予的新时代职责使命，领导干部必须全面增强各方面本领，努力成为本职工作的行家里手，以新气象新作为推动高质量发展取得新成效，创造经得起历史和人民检验的实绩。习近平新时代中国特色社会主义思想贯穿着强烈的问题意识、鲜明的实践导向，是在研究问题、解决问题中丰富发展的，是在推动实践、指导实践中成熟完善的，集中体现了马克思主义者求真务实、实践第一的科学态度，展现出巨大的现实解释力和实践引领力。提升实践能力，就要深刻认识习近平新时代中国特色社会主义思想的实践品格和实践要求，真切感悟科学理论的真理力量和实践伟力，发扬理论联系实际的优良学风，熟练掌握其中蕴含的领导方法、思想方法、工作方法，以时时放心不下的责任感、积极担当作为的精气神，不断提高履职尽责的能力和水平，为党和人民履好职、尽好责。

三、以学正风，大兴务实之风、清廉之风、俭朴之风

党的作风就是党的形象，关系人心向背，关系党的生死存亡。我们党作为一个在中国长期执政的马克思主义政党，对作风问题任何时候都不能掉以轻心。习近平总书记强调：“要抓实以学正风，坚持目标导向和问题导向相结合、学查改相贯通，对标党风要求找差距、对表党性要求查根源、对照党纪要求明举措，增强检视整改实效。”

以学正风，就要大兴务实之风，抓好调查研究，在察实情、出实招、求实效上下功夫，把工作抓实、基础打实、步子迈实，在力戒形式主义、官僚主义上取得明显实质性进展，将调查研究发扬光

大。调查研究是谋事之基、成事之道，是做好工作的基本功。党的十八大以来，习近平总书记率先垂范、以身作则、亲力亲为，用一次次生动而深刻的调研，为全党重视调研、深入调研、善于调研树立了光辉典范。要多到困难多、群众意见集中、工作打不开局面的地方和单位调研，善于运用党的创新理论研究新情况、解决新问题，真诚倾听群众呼声、真实反映群众愿望、真情关心群众疾苦，准确了解群众的所忧所盼，真正把情况摸清、把问题找准、把对策提实，推动思想大解放、能力大提升、作风大转变、工作大落实。必须重实干求实效。广大党员干部要脚踏实地，埋头苦干，不驰于空想，不骛于虚声；要笃实好学，尊重实际，不违背规律，不盲目蛮干；要求真务实，注重实效，不做表面文章，不耍花拳绣腿。要牢记“空谈误国、实干兴邦”，真抓实干、务求实效，切实把调研成果转化为解决问题、改进工作的实际举措。

以学正风，就要弘扬清廉之风，教育各级领导干部牢固树立正确权力观，全面查找廉洁风险点，筑牢思想防线，坚守法纪红线。要按照“三不腐”要求健全相关制度、严格执纪，建好护栏。“廉者，政之本也。”新时代新征程，党的建设特别是党风廉政建设和反腐败斗争面临不少顽固性、多发性问题。只有明方向、立规矩、正风气、强免疫，持续涵养求真务实、清正廉洁的新风正气，才能在新的赶考之路上考出好成绩。广大党员、干部要自觉用习近平新时代中国特色社会主义思想改造主观世界，内化于心、外化于行，增强纪律意识、规矩意识，始终保持共产党人的高尚品格和廉洁操守。弘扬清廉之风，重在自觉，贵在持久，首先要牢固树立正确权力观。只有做到公正用权、依法用权、为民用权、廉洁用权，推动形成清清爽爽的同志关系、规规矩矩的上下级关系、亲清统一的新型政商关系，才能当好良好政治生态和社会风气的引领者、营造者、维护者。要保持对权力的敬畏感，牢记清廉是福、贪欲是祸的道理，树立正确的权力观、地位观、利益观，任何时候都要稳得住心神、管得住行为、守得住清白。

以学正风，就要养成俭朴之风，把生活作风问题作为检视整改的重要内容，督促广大党员干部保持清醒头脑，筑牢贯彻落实中央八项规定及实施细则精神的堤坝。“俭，德之共也；侈，恶之大也。”过去我们党靠艰苦奋斗、勤俭节约不断成就伟业，现在我们仍然要用这样的思想来指导工作。党和政府带头过紧日子，目的是为老百姓过好日子，这是我们党的宗旨和性质所决定的。不论我们国家发展到什么水平，不论人民生活改善到什么地步，艰苦奋斗、勤俭节约的思想永远不能丢。习近平总书记指出：“节俭朴素，力戒奢靡，是我们党的传家宝。现在，我们生活条件好了，但艰苦奋斗的精神一点都不能少，必须坚持以俭修身、以俭兴业，坚持厉行节约、勤俭办一切事情。”养成俭朴之风，必须认真学习领会、深入贯彻落实习近平总书记重要讲话精神，牢记“奢靡之始，危亡之渐”的古训，时刻警醒自己，坚决抵制享乐主义、奢靡之风，永葆共产党人清正廉洁的政治本色。同时，要严格要求亲属子女，过好亲情关，教育他们树立遵纪守法、艰苦朴素、自食其力的良好观念，为全社会做表率。

四、以学促干，鼓足干事创业精气神

我们党百年奋斗的伟大成就是党团结带领全国各族人民拼出来、干出来的，要把党的二十大描绘的宏伟蓝图变成现实，仍然要靠拼、要靠干。习近平总书记强调，要“坚持学思用贯通、知信行统一，匡正干的导向，增强干的动力，形成干的合力，在以学促干上取得实实在在的成效”。

以学促干，就要树牢造福人民的政绩观，坚持以人民为中心的发展思想，坚持高质量发展，不搞贪大求洋、盲目蛮干、哗众取宠；坚持出实招求实效，不搞华而不实、投机取巧、数据造假；坚持打基础利长远，不搞急功近利、竭泽而渔、劳民伤财。坚持以人民为中心的发展思想，体现了党的理想信念、性质宗旨、初心使命，也是对党的奋斗历程和实践经验的深刻总结。高质量发展是“十四五”乃至更长时期我国经济社会发展的主题，关系我国社会主义现代化建设全局，是全面建设社会主义现代化国家的首要任务，是新时代的硬道理。高质量发展不只是一个经济要求，而是对经济社会发展方方面面的总要求；不是只对经济发达地区的要求，而是所有地区发展都必须贯彻的要求；不是一时一事的要求，而是必须长期坚持的要求。

以学促干，就要鼓足干事创业的精气神，恪尽职守、担当作为，迎难而上、敢于斗争，严肃整治拈轻怕重、躺平甩锅、敷衍塞责、得过且过等消极现象，完善担当作为激励和保护机制。习近平总书记强调：“有多大担当才能干多大事业，尽多大责任才会有多大成就。”干事担事，是干部的职责所在，也是价值所在。党把干部放在各个岗位上是要大家担当干事，而不是做官享福。改革发展稳定工作那么多，要做好工作都要担当作为。推进中国式现代化，是一项前无古人的开创性事业。唯有鼓足干事创业的精气神，始终保持锐意进取、敢为人先、迎难而上的奋斗姿态，积极担当作为、敢于善于斗争，才能胜利推进强国建设、民族复兴的历史伟业。完善担当作为激励和保护机制，对于激发广大党员、干部的积极性、主动性、创造性至关重要。要积极营造有利于干事创业的良好环境，着力消除影响干部担当作为的各种消极因素，形成能者上、优者奖、庸者下、劣者汰的正确导向，敢于为担当者担当、为负责者负责、为干事者撑腰，让愿担当、敢担当、善担当蔚然成风。

以学促干，就要形成狠抓落实的好局面，不折不扣贯彻落实党中央决策部署，在抓落实上取得新实效。要积极主动抓落实，自觉运用党的创新理论研究新情况、解决新问题，使提出的点子、政策、方案符合实际情况、符合客观规律、符合科学精神，以创造性工作把党中央决策部署落到实处。要聚合众力抓落实，增强系统观念和大局意识，聚合众力、融合众智，各司其职、各负其责、相互协同，心往一处想、劲往一处使，让改革发展稳定各项任务落下去，让惠及百姓的各项工作实起来，推动党中央决策部署在基层落地生根。要以钉钉子精神抓落实，紧紧围绕新时代新征程党的中心任务，拿出踏石留印、抓铁有痕的劲头，稳扎稳打向前走，过了一山再登一峰，跨过一沟再越一壑，不断通过化解难题开创工作新局面。要聚焦实际问题抓落实，紧盯本地区本部门本单位影响和制约高质量发展的问题短板及其根源，把自己摆进去、把职责摆进去、把工作摆进去，一项一项抓好落实，让人民群众切实感受到解决问题的实际成效。

五、坚持“两个结合”，开辟马克思主义中国化时代化新境界

面对快速变化的世界和中国，如果墨守成规、思想僵化，马克思主义也会失去生命力、说服力。继续推进实践基础上的理论创

新，不断谱写马克思主义中国化时代化新篇章，是当代中国共产党人的庄严历史责任。

党的二十大报告在总结历史经验基础上，提出并阐述了“两个结合”、“六个必须坚持”等推进理论创新的科学方法。习近平总书记强调，“在五千多年中华文明深厚基础上开辟和发展中国特色社会主义，把马克思主义基本原理同中国具体实际、同中华优秀传统文化相结合是必由之路。这是我们在探索中国特色社会主义道路中得出的规律性认识。”“继续推进实践基础上的理论创新，首先要把握好新时代中国特色社会主义思想的世界观和方法论，坚持好、运用好贯穿其中的立场观点方法。”这为继续推进党的理论创新提供了根本遵循。

坚持和发展马克思主义，必须同中国具体实际相结合。在“两个大局”加速演进并深度互动的时代背景下，人类社会面临许多亟待解决的共同问题，我国改革发展稳定、内政外交国防、治党治国治军等各个领域也都面临着一系列新的重大课题。中国之问、世界之问、人民之问、时代之问给我们提出的新考题比过去更复杂、更难，迫切需要我们从理论与实践的结合上提交答案。要牢固树立大历史观，以更宽广的视野、更长远的眼光把握世界历史的发展脉络和正确走向，认清我国社会发展、人类社会发展的大逻辑大趋势，把握中国式现代化的历史沿革和实践要求，在新一轮科技变革、全球经济发展大格局和我国发展的阶段性特征中深化对推动高质量发展、构建新发展格局的规律性认识，在世界马克思主义政党命运比较和我们党长期执政面临的现实考验中深化对习近平总书记关于党的自我革命的重要思想

习近平：在文化传承发展座谈会上的讲话

的规律性认识，全面系统地提出解决现实问题的科学理念、有效对策，让当代中国马克思主义、二十一世纪马克思主义展现出更为强大、更有说服力的真理力量。

坚持和发展马克思主义，必须同中华优秀传统文化相结合。只有植根本国、本民族历史文化沃土，马克思主义真理之树才能根深叶茂。“结合”的前提是彼此契合。马克思主义和中华优秀传统文化来源不同，但彼此存在高度的契合性。相互契合才能有机结合。“结合”的结果是互相成就。“第二个结合”让马克思主义成为中国的，中华优秀传统文化成为现代的，让经由“结合”而形成的新文化成为中国式现代化的文化形态。“结合”筑牢了道路根基。中国特色的关键就在于“两个结合”。“第二个结合”让中国特色社会主义道路有了更加宏阔深远的历史纵深，拓展了中国特色社会主义道路的文化根基。中国式现代化是中华民族的旧邦新命，必将推动中华文明重焕荣光。“结合”打开了创新空间。“第二个结合”让我们掌握了思想和文化主动，并有力地作用于道路、理论和制度。更重要的是，“第二个结合”是又一次的思想解放，让我们能够在更广阔的文化空间中，充分运用中华优秀传统文化的宝贵资源，探索面向未来的理论和制度创新。“结合”巩固了文化主体性。文化自信就来自我们的文化主体性。创立习近平新时代中国特色社会主义思想就是这一文化主体性的最有力体现。我们必须坚定历史自信、文化自信，坚持古为今用、推陈出新，把马克思主义思想精髓同中华优秀传统文化精华贯通起来、同人民群众日用而不觉的共同价值观念融通起来，不断赋予科学理论鲜明的中国特色，不断夯实马克思主义中国化时代化的历史基础和群众基础，让马克思主义在中国牢牢扎根。

2023 年 5 月拍摄的中国国家版本馆中央总馆文瀚厅。（新华社发）

坚持和发展马克思主义，必须坚守好魂和根。马克思主义中国化时代化这个重大命题本身就决定，我们决不能抛弃马克思主义这个魂脉，决不能抛弃中华优秀传统文化这个根脉。坚守好这个魂和根，是理论创新的基础和前提。理论创新必须讲新话，但不能丢了老祖宗，数典忘祖就等于割断了魂脉和根脉，最终会犯失去魂脉和根脉的颠覆性错误。我们必须坚持马克思主义这个立党立国、兴党兴国之本不动摇，坚持植根本国、本民族历史文化沃土发展马克思主义不停步，坚定历史自信、文化自信，坚持古为今用、推陈出新，以马克思主义为指导对中华五千多年文明宝库进行全面挖掘，用马克思主义激活中华优秀传统文化中富有生命力的优秀因子并赋予新的时代内涵，将中华民族的伟大精神和丰富智慧更深层次地注入马克思主义，把马克思主义思想精髓同中华优秀传统文化精华有效贯通起来，聚变为新的理论优势，不断攀登新的思想高峰。我们要拓宽理论视野，以海纳百川的开放胸襟学习和借鉴人类社会一切优秀文明成果，在“人类知识的总和”中汲取优秀思想文化资源来创新和发展党的理论，形成兼容并蓄、博采众长的理论大格局大气象。

坚持和发展马克思主义，必须推进党的创新理论的体系化、学理化，必须注重从人民群众的创造中汲取理论创新智慧，这是理论创新的内在要求和重要途径。习近平新时代中国特色社会主义思想的发展是一个不断丰富拓展并不断体系化、学理化的过程。要不断深化理论研究阐释，重点研究阐释我们党提出的新理念新论断中的原理性理论成果，把握相互的内在联系，教育引导全党全国人民更好学习把握习近平新时代中国特色社会主义思想的理论体系。习近平新时代中国特色社会主义思想源自人民的智慧、人民的探索、人民的创造，是党和人民实践经验和集体智慧的结晶。继续推进党的理论创新，必须走好群众路线，尊重人民首创精神，注重从人民的创造性实践中总结新鲜经验，上升为理性认识，提炼出新的理论成果，着力让党的创新理论深入亿万人民心中，成为接地气、聚民智、顺民意、得民心的理论。

第三节　奋力推进强国建设、民族复兴伟大事业

党的二十大报告指出，从现在起，中国共产党的中心任务就是团结带领全国各族人民全面建成社会主义现代化强国、实现第二个百年奋斗目标，以中国式现代化全面推进中华民族伟大复兴。中华民族伟大复兴，本质是国家富强、民族振兴、人民幸福。中国式

现代化走得通、行得稳，是强国建设、民族复兴的唯一正确道路。以中国式现代化全面推进强国建设、民族复兴伟业，是新时代最大的政治。今天，我们比历史上任何时期都更接近、更有信心和能力实现中华民族伟大复兴的目标，同时必须准备付出更为艰巨、更为艰苦的努力。习近平总书记强调：“我们要只争朝夕，坚定历史自信，增强历史主动，坚持守正创新，保持战略定力，发扬斗争精神，勇于攻坚克难，不断为强国建设、民族复兴伟业添砖加瓦、增光添彩！”

习近平：在二十届中央政治局常委同中外记者见面时的讲话

一、发扬斗争精神，提高斗争本领

“两个确立”为实现中华民族伟大复兴提供更为强大的政治保证和思想指引。当前，中华民族伟大复兴曙光在前、前途光明，但也必须清醒认识到，中华民族伟大复兴绝不是轻轻松松、敲锣打鼓就能实现的，也绝不是一马平川、朝夕之间就能到达的，前进道路上仍然存在可以预料和难以预料的各种风险挑战。船到中流浪更急，人到半山路更陡。越是接近民族复兴的目标，我们遇到的阻力和压力就会越大，面临的外部风险就会越多，必须增强忧患意识，坚持底线思维，居安思危、未雨绸缪，敢于斗争、善于斗争。

习近平在中央党校（国家行政学院）中青年干部培训班开班式上发表重要讲话强调　发扬斗争精神增强斗争本领　为实现“两个一百年”奋斗目标而顽强奋斗

党的十八大以来，以习近平同志为核心的党中央清醒认识到，新时代坚持和发展中国特色社会主义是一场艰巨而伟大的社会革命，各种敌对势力绝不会让我们顺顺利利实现中华民族伟大复兴，必须进行具有许多新的历史特点的伟大斗争，必须准备付出更为艰巨、更为艰苦的努力，必须高度重视和切实防范化解各种重大风险。

要把准斗争方向，增强斗争意志。习近平总书记指出，共产党人的斗争是有方向、有立场、有原则的，大方向就是坚持中国共产党领导和我国社会主义制度不动摇。我们讲的斗争，不是为了斗争而斗争，也不是为了一己私利而斗争，而是为了实现人民对美好生活的向往、实现中华民族伟大复兴知重负重、苦干实干、攻坚克难。凡是危害中国共产党领导和我国社会主义制度的各种风险挑战，凡是危害我国主权、安全、发展利益的各种风险挑战，凡是危害我国核心利益和重大原则的各种风险挑战，凡是危害我国人民根本利益的各种风险挑战，凡是危害我国实现第二个百年奋斗目标、实现中华民族伟大复兴的各种风险挑战，只要来了，我们就必须进行坚决斗争，毫不动摇、毫不退缩，敢于出击、敢战能胜。

要掌握斗争规律，注重策略方法。斗争是一门艺术，光有勇气是不够的，还要善于斗争，做到战略判断和战术决断相统一、斗争过程和斗争实效相统一。在各种重大斗争中，要准确把握大局和大势，明确斗争任务，精准把握斗争进程、判断出招时机，找准靶心、一击即中，特别是要练就草摇叶响知鹿过、松风一起知虎来、一叶易色而知天下秋的见微知著能力；对各领域各方面的风险隐患，要经常分析研判，对潜在的风险要有科学预判，备足工具箱，下好先手棋，打好主动仗。要见事早、行动快，靠前指挥，当断则断、当机立断；要讲究斗争策略，原则问题不让步，同时注重战术运用，见招拆招，必要时主动出击、先发制人。要坚持抓主要

2019 年 8 月 15 日拍摄的腊子口战役纪念碑，后面就是天险腊子口。（新华社记者　马宁 / 摄）

矛盾、抓矛盾的主要方面，坚持有理有利有节，合理选择斗争方式、把握斗争火候，把准时度效，调动一切积极因素，在斗争中求团结、谋合作、促共赢。

要发扬斗争精神、增强斗争本领。斗争精神、斗争本领不是与生俱来的。领导干部特别是年轻干部要经受严格的思想淬炼、政治历练、实践锻炼，在复杂严峻的斗争中经风雨、见世面、壮筋骨、长才干，真正锻造成为烈火真金。要学懂弄通做实党的创新理论，掌握马克思主义立场观点方法，夯实敢于斗争、善于斗争的思想根基，理论上清醒，政治上才能坚定，斗争起来才有底气、才有力量。要坚持在重大斗争中磨砺，越是困难大、矛盾多的地方，越是形势严峻、情况复杂的时候，越能练胆魄、磨意志、长才干。领导干部要主动投身到各种斗争中去，在大是大非面前敢于亮剑，在矛盾冲突面前敢于迎难而上，在危机困难面前敢于挺身而出，在歪风邪气面前敢于坚决斗争。

新征程是充满光荣和梦想的远征。我们必须把握新的伟大斗争的历史特点，发扬斗争精神，把握斗争方向，把握斗争主动权，坚定斗争意志，掌握斗争规律，增强斗争本领，增强全党全军全国各族人民的志气、骨气、底气，不信邪、不怕鬼、不怕压，知难而进、迎难而上，统筹发展和安全，全力战胜前进道路上各种困难和挑战，依靠顽强斗争打开事业发展新天地。

二、增强忧患意识，防范化解风险

“生于忧患，死于安乐”，“于安思危，于治忧乱”。忧患意识是中华民族的一个重要精神特质，是几千年来治国理政的重要经验。我们党是生于忧患、成长于忧患、壮大于忧患的政党。习近平总书记指出：“我们共产党人的忧患意识，就是忧党、忧国、忧民意识，这是一种责任，更是一种担当。”

党的十八大以来，习近平总书记反复告诫全党要坚持底线思维，“安而不忘危，存而不忘亡，治而不忘乱”，越是前景光明，越是要增强忧患意识，做到居安思危，从最坏处着眼，做最充分的准备，朝好的方向努力，争取最好的结果；要时刻准备应对重大挑战、抵御重大风险、克服重大阻力、解决重大矛盾，以不畏艰险、攻坚克难的勇气，以昂扬向上、奋发有为的锐气，不断把中华民族伟大复兴事业推向前进。

要强化风险意识。前进道路不可能一帆风顺，越是取得成绩的时候，越是要有如履薄冰的谨慎，越是要有居安思危的忧患，绝不能犯战略性、颠覆性错误。当前，我国正处于一个大有可为的历史机遇期，发展形势总的是好的。但面临的风险也是多方面的，有外部风险，也有内部风险；有一般风险，也有重大风险，决不能掉以轻心。如果防范不及、应对不力，就会传导、叠加、演变、升级，使小的矛盾风险挑战发展成大的矛盾风险挑战，局部的矛盾风险挑战发展成系统的矛盾风险挑战，国际上的矛盾风险挑战演变为国内的矛盾风险挑战，经济、社会、文化、生态领域的矛盾风险挑战转化为政治矛盾风险挑战，最终危及党的执政地位、危及国家安全。我们必须把防风险摆在突出位置，“图之于未萌，虑之于未有”，力争不出现重大风险或在出现重大风险时扛得住、过得去。要立足世情国情党情，统筹国内国际两个大局，统筹党和国家事业发展全局，协调推进各项事业发展，抓住战略重点，实现关键突破，赢得战略主动，防范系统性风险，避免颠覆性危机，维护好发展全局。

要化解各类安全风险。在全面建设社会主义现代化国家过程中，我们面临的各种风险都要防控，但重点要防控那些可能迟滞或中断中华民族伟大复兴进程的全局性风险，这是习近平总书记强调坚持底线思维的根本含义。要防范化解政治安全风险，把维护国家政治安全特别是政权安全、制度安全放在第一位，提高防范政治风险能力。我们治国理政的本根，就是中国共产党领导和社会主义制度。涉及制度层面的大是大非问题，必须旗帜鲜明、立场坚定，不能有丝毫含糊。要防范化解意识形态安全风险，把意识形态工作的领导权、管理权、话语权牢牢掌握在手中，任何时候都不能旁落，否则就要犯无可挽回的历史性错误。要防范化解经济发展风险，既要保持战略定力，又要增强忧患意识，未雨绸缪，精准研判、妥善

我国量子卫星与兴隆站建立链路。（新华社发）

应对经济领域可能出现的重大风险。要防范化解科技安全风险，牢记核心技术是国之重器，关键核心技术是要不来、买不来、讨不来的，必须增强忧患意识，紧紧抓住和用好新一轮科技革命和产业变革的机遇，把创新主动权、发展主动权牢牢掌握在自己手中。要防范化解社会稳定风险，全面看待社会稳定形势，准确把握维护社会稳定工作，坚持系统治理、依法治理、综合治理、源头治理。要防范化解外部环境风险，统筹国内国际两个大局、发展安全两件大事，有效防范各类风险连锁联动。要防范化解党的建设面临的风险，把不忘初心、牢记使命作为加强党的建设的永恒课题，作为全体党员、干部的终身课题，不断进行自我革命，同一切影响党的先进性、弱化党的纯洁性的问题作坚决斗争。此外，还要注意防范化解生态安全、生物安全、重大公共卫生、粮食安全、能源安全、核安全、军事安全等风险。

要发挥制度威力。防范化解风险挑战是一项复杂的系统工程和长期的战略任务。习近平总书记强调，打赢防范化解重大风险攻坚战，必须坚持和完善中国特色社会主义制度、推进国家治理体系和治理能力现代化，运用制度威力应对风险挑战的冲击。国家安全工作要适应新时代新要求，一手抓当前、一手谋长远，切实做好维护政治安全、健全国家安全制度体系、完善国家安全战略和政策、强化国家安全能力建设、防控重大风险、加强法治保障、增强国家安全意识等方面工作。维护公共安全，必须从建立健全长效机制入手，推进思路理念、方法手段、体制机制创新，加快健全公共安全体系。

要担当责任。习近平总书记指出，防范化解重大风险，是各级党委、政府和领导干部的政治职责，大家要坚持守土有责、守土尽责，把防范化解重大风险工作做实做细做好。要增强责任感和自觉性，把自己职责范围内的风险防控好，不能把防风险的责任都推给上面，也不能把防风险的责任都留给后面，更不能在工作中不负责任地制造风险。遇到重大风险挑战、重大工作困难、重大矛盾斗争，要第一时间进行研究、拿出预案、推动工作，决不能回避、绕着道走，更不能胆怯、惧怕。要切实承担起“促一方发展、保一方平安”的政治责任。

党的二十大报告提出：“我们必须增强忧患意识，坚持底线思维，做到居安思危、未雨绸缪，准备经受风高浪急甚至惊涛骇浪的重大考验。”新征程上，只要我们增强忧患意识，坚持底线思维、极限思维，时刻保持如履薄冰的谨慎、见叶知秋的敏锐、未雨绸缪的主动，就能在伟大斗争中不断赢得伟大胜利，不断把中华民族伟大复兴的历史进程推向前进。

三、坚定不移全面从严治党

全面建设社会主义现代化国家、全面推进中华民族伟大复兴，关键在党。我们党作为世界上最大的马克思主义执政党，要始终赢得人民拥护、巩固长期执政地位，必须时刻保持解决大党独有难题的清醒和坚定，深刻领悟“两个确立”的决定性意义，坚决做到“两个维护”。

党的二十大报告明确指出，全党必须牢记，全面从严治党永远在路上，党的自我革命永远在路上，决不能有松劲歇脚、疲劳厌战的情绪，必须持之以恒推进全面从严治党，深入推进新时代党的建设新的伟大工程，以党的自我革命引领社会革命。

政治建设是党的根本性建设，推进全面从严治党，必须把党的政治建设摆在首位。习近平总书记曾多次指出，全面从严治党首先要从政治上看，“政治问题要从政治上来解决”。保证全党服从中央，坚持党中央权威和集中统一领导，是党的政治建设的首要任务。要严明政治纪律和政治规矩，提高各级党组织和党员干部政治判断力、政治领悟力、政治执行力。要把准政治方向、坚持党的政治领导、夯实政治根基、涵养政治生态、防范政治风险、永葆政治本色。

思想建设是党的基础性建设，推进全面从严治党，必须坚持用习近平新时代中国特色社会主义思想统一思想、统一意志、统一行动；加强理想信念教育，引导全党牢记党的宗旨，解决好世界观、人生观、价值观这个总开关问题，自觉做共产主义远大理想和中国特色社会主义共同理想的坚定信仰者和忠实实践者。

制度建设是全面从严治党的长远之策、根本之策，推进全面从严治党，既要解决思想问题，也要解决制度问题。法规制度带有根本性、全局性、稳定性、长期性。习近平总书记强调，没有规矩不成其为政党，更不成其为马克思主义政党。要完善党的自我革命制度规范体系，坚持制度治党、依规治党，以党章为根本，以民主集中制为核心，完善党内法规制度体系，增强党内法规权威性和执行力，形成坚持真理、修正错误，发现问题、纠正偏差的机制。健全党统一领导、全面覆盖、权威高效的监督体系，加强对权力运行的制约和监督，让人民监督权力，让权力在阳光下运行，把权力关进制度的笼子。

组织建设是党的建设的重要基础，推进全面从严治党，必须全面贯彻新时代党的组织路线，建设堪当民族复兴重任的高素质干部队伍。组织路线对坚持党的领导、加强党的建设、做好党的组织工作具有十分重要的意义。新时代党的组织路线是，全面贯彻习近平新时代中国特色社会主义思想，以组织体系建设为重点，着力培养忠诚干净担当的高素质干部，着力集聚爱国奉献的各方面优秀人才，坚持德才兼备、以德为先、任人唯贤，为坚持和加强党的全面领导、坚持和发展中国特色社会主义提供坚强组织保证。

党风问题关系执政党的生死存亡，推进全面从严治党，必须加强作风建设。党的作风就是党的形象，是观察党群干群关系、人心向背的晴雨表。什么是优良作风？优良作风就是我们党历来坚持的理论联系实际、密切联系群众、批评和自我批评以及艰苦奋斗、求真务实等作风。作风建设永远没有休止符，要锲而不舍、长期坚持，坚决反对形式主义、官僚主义、享乐主义和奢靡之风，始终保持党同人民群众的血肉联系。各级干部要树立和发扬好的作风，既

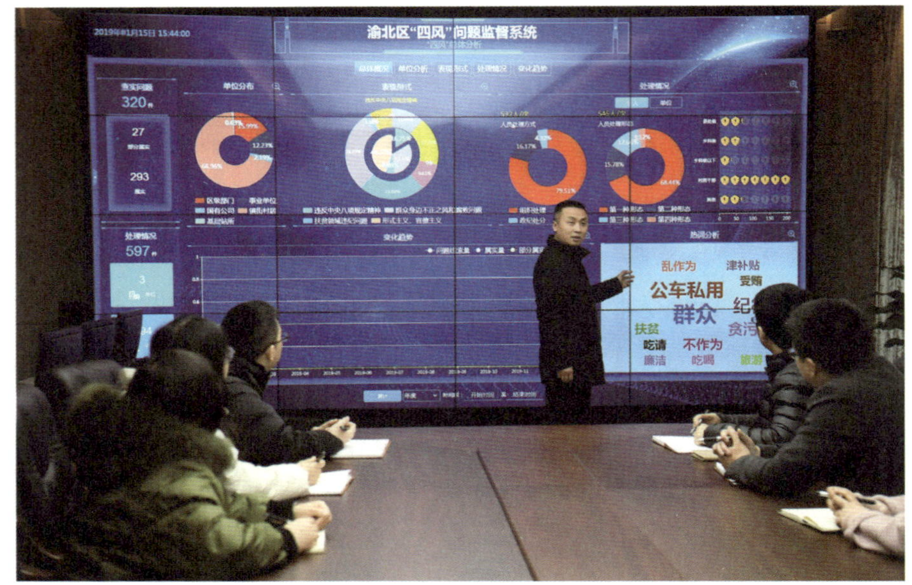

2019 年 1 月 15 日，重庆市渝北区纪委监委工作人员利用“四风”问题监督系统进行线索分析。（新华社记者　王全超 / 摄）

严以修身、严以用权、严以律己，又谋事要实、创业要实、做人要实。

加强纪律建设是全面从严治党的治本之策，推进全面从严治党，必须把纪律和规矩挺在前面。党要管党、从严治党，靠什么管，凭什么治？就要靠严明纪律。纪律不严，从严治党就无从谈起。要把纪律建设摆在更加突出位置，坚持纪严于法、纪在法前，把纪律和规矩挺在前面。在所有党的纪律和规矩中，第一位的是政治纪律和政治规矩。遵守政治纪律和政治规矩，必须维护党中央权威，必须维护党的团结，必须遵循组织程序，必须服从组织决定，必须管好亲属和身边工作人员。

反腐败是最彻底的自我革命，推进全面从严治党，必须坚决打赢反腐败斗争攻坚战、持久战。人民群众最痛恨腐败现象，腐败是最容易颠覆政权的问题，是我们党面临的最大威胁。只要存在腐败问题产生的土壤和条件，反腐败斗争就一刻不能停，必须永远吹冲锋号。要坚持不敢腐、不能腐、不想腐一体推进，同时发力、同向发力、综合发力，以零容忍态度反腐惩恶，通过长期坚持不懈的努力换来海晏河清、朗朗乾坤。

四、以团结奋斗创造历史伟业

团结就是力量，奋斗开创未来。团结奋斗是中国共产党和中国人民最显著的精神标识，是党领导人民创造历史伟业的必由之路。能团结奋斗的民族才有前途，能团结奋斗的政党才能立于不败之地。团结奋斗要靠目标凝心聚力，新征程上我们就要靠中国式现代化进一步凝心聚力、团结奋斗。只有坚决做到“两个维护”，才能坚定战略自信，“步调一致向前进”。

“两弹一星”先进群体。（新华社发）

中国人民是具有伟大创造精神、伟大奋斗精神、伟大团结精神、伟大梦想精神的人民。在几千年历史长河中，中国人民始终团结一心、同舟共济，革故鼎新、自强不息，开发和建设了祖国辽阔秀丽的大好河山，建立了统一的多民族国家，形成了守望相助的中华民族大家庭。特别是100多年来，在中国共产党领导下，我国各族人民手挽着手、肩并着肩，百折不挠、发愤图强，共同书写了中华民族团结奋斗、矢志复兴的壮丽史诗。

围绕明确奋斗目标形成的团结才是最牢固的团结，依靠紧密团结进行的奋斗才是最有力的奋斗。党的二十大擘画了全面建设社会主义现代化国家、以中国式现代化全面推进中华民族伟大复兴的宏伟蓝图，确定了到2035年我国发展的总体目标和未来5年的主要目标任务，在神州大地上吹响了团结奋斗的前进号角。中国式现代化是全体人民的共同事业，也是一项充满风险挑战、需要付出艰辛努力的宏伟事业，必须坚持全体人民共同参与、共同建设、共同享有，紧紧依靠全体人民和衷共济、共襄大业。只要坚定拥护“两个确立”，坚决做到“两个维护”，把全党团结成“一块坚硬的钢铁”，就能够把全国各族人民团结起来，形成同心共圆中国梦的强大合力，继续把中华民族伟大复兴的历史伟业推向前进！

本章小结

坚定拥护“两个确立”，努力实现新时代新征程的目标任务，必须坚持和加强党中央集中统一领导，最关键的是坚决维护习近平总书记党中央的核心、全党的核心地位；必须坚持不懈用习近平新时代中国特色社会主义思想凝心铸魂，努力在以学铸魂、以学增智、以学正风、以学促干方面取得实实在在的成效；必须全面贯彻习近平新时代中国特色社会主义思想，奋力推进强国建设、民族复兴伟业。

 思考题

1. 为什么说“两个维护”是新时代对民主集中制的创造性运用？

2. 如何理解“第二个结合”对开辟马克思主义中国化时代化新境界的重大意义？

3. 如何理解“两个确立”对中华民族伟大复兴具有决定性意义？

结 语

Conclusion

深刻领悟“两个确立”的决定性意义，奋力谱写新时代中国特色社会主义更加绚丽的华章

一个民族、一个国家、一个政党要想走在时代前列，就一刻不能没有伟大人物的引领，一刻不能没有先进思想的指导。今天，我们迈上了全面建设社会主义现代化国家新征程，党和国家事业站在了新的历史起点上，中华民族正以不可阻挡之势走向伟大复兴。实现第二个百年奋斗目标，使命更光荣、任务更艰巨、挑战更严峻，我们更加需要坚强的领导核心，更加需要科学的理论指导。

当前，世界百年未有之大变局加速演进，世界进入新的动荡变革期，我国发展进入战略机遇和风险挑战并存、不确定难预料因素增多的时期，各种“黑天鹅”“灰犀牛”事件随时可能发生。征程越是壮阔，目标越是远大，风险越是增多，越需要核心的掌舵定向、真理的指引领航。“两个确立”不仅是党在新时代伟大变革中积累的宝贵经验，而且是我们把握历史主动、战胜风险挑战、推进中国式现代化的根本保证。党的二十大关于十九届中央委员会报告的决议明确指出，新时代新征程上把中国特色社会主义事业推向前进，最紧要的是深刻领悟“两个确立”的决定性意义，增强“四个意识”、坚定“四个自信”、做到“两个维护”，自觉在思想上政治上行动上同以习近平同志为核心的党中央保持高度一致。新时代新征程，坚持和发展中国特色社会主义，全面建设社会主义现代化国家，必须更加自觉地抓好这一最紧要的任务，把捍卫“两个确立”转化为做到“两个维护”的实际行动，更加自觉地维护习近平总书记党中央的核心、全党的核心地位，更加自觉地维护党中央权威和集中统一领导，坚定不移沿着习近平新时代中国特色社会主义思想指引的方向前进。

坚决维护习近平总书记党中央的核心、全党的核心地位，同党中央保持高度一致，不是一个空洞口号。党中央集中统一领导是党的领导的最高原则，关乎党和国家前途命运、关乎人民根本利益。加强和维护党中央集中统一领导，是一个成熟的马克思主义政党必须始终坚持、任何时候任何情况下都不能含糊和动摇的重大原则。广大党员干部要不断增强维护习近平总书记党中央的核心、全党的核心地位的政治自觉、思想自觉、行动自觉，进一步增强政治敏锐性，提高政治判断力、政治领悟力、政治执行力，真正做到情感上衷心爱戴核心、思想上高度认同核心、政治上坚决维护核心、组织上自觉服从核心、行动上紧紧跟随核心。要坚持和加强党中央集中统一领导，完善党中央重大决策部署落实机制，始终做到党中央提倡的坚决响应、党中央决定的坚决执行、党中央禁止的坚决不做，确保全党在政治立场、政治方向、政治原则、政治道路上同以习近平同志为核心的党中央保持高度一致。

全面贯彻习近平新时代中国特色社会主义思想。习近平新时代中国特色社会主义思想，是当代中国马克思主义、二十一世纪马克思主义，是中华文化和中国精神的时代精华。要坚持不懈用习近平新时代中国特色社会主义思想凝心铸魂，在全面学习、全面把握、全面落实上下功夫，以学铸魂、以学增智、以学正风、以学促干，真正做到内化于心、外化于行，进一步筑牢信仰之基、补足精神之钙、把稳思想之舵，不断增进政治认同、思想认同、理论认同、情感认同，切实做到学思用贯通、知信行统一。要坚持以习近平新时代中国特色社会主义思想指导我国社会主义现代化建设和党的建设新的伟大工程。要把握好习近平新时代中国特色社会主义思想的世界观和方法论，坚持好、运用好贯穿其中的立场观点方法，切实将其转化为坚定理想、锤炼党性和指导实践、推动工作的强大力量。

大道如砥，行者无疆。中华民族伟大复兴已经进入不可逆转的历史进程。全党全军全国各族人民要深刻领悟“两个确立”的决定性意义，增强“四个意识”、坚定“四个自信”、做到“两个维护”，更加紧密地团结在以习近平同志为核心的党中央周围，把学习贯彻习近平新时代中国特色社会主义思想不断引向深入，弘扬伟大建党精神，务必不忘初心、牢记使命，务必谦虚谨慎、艰苦奋斗，务必敢于斗争、善于斗争，坚定历史自信，增强历史主动，自信自强、守正创新，踔厉奋发、勇毅前行，为全面建设社会主义现代化国家、全面推进中华民族伟大复兴而团结奋斗！

阅读书目

1. 恩格斯：《论权威》，《马克思恩格斯选集》第3卷，人民出版社2012年版。

2.《习近平著作选读》第一、二卷，人民出版社2023年版。

3.《习近平谈治国理政》第一—四卷，外文出版社2018、2017、2020、2022年版。

4.《习近平新时代中国特色社会主义思想学习纲要（2023年版）》，学习出版社、人民出版社2023年版。

5.《习近平新时代中国特色社会主义思想专题摘编》，中央文献出版社、党建读物出版社2023年版。

6.《习近平新时代中国特色社会主义思想的世界观和方法论专题摘编》，党建读物出版社、中央文献出版社2023年版。

7.《习近平关于调查研究论述摘编》，党建读物出版社、中央文献出版社2023年版。

8. 习近平：《论党的自我革命》，党建读物出版社、中国方正出版社、中央文献出版社2023年版。

9.《习近平新时代中国特色社会主义思想学习问答》，学习出版社、人民出版社2021年版。

10.《中国共产党的一百年》（4卷），中共党史出版社2022年版。

11.《中国共产党第二十次全国代表大会文件汇编》，人民出版社2022年版。

后　记

党的十八大以来，中国特色社会主义进入新时代。在带领中国人民进行伟大斗争、建设伟大工程、推进伟大事业、实现伟大梦想的历史进程中，在全面建成小康社会、开启全面建设社会主义现代化国家新征程的历史进程中，中国共产党确立了习近平总书记党中央的核心、全党的核心地位，确立了习近平新时代中国特色社会主义思想的指导地位。为帮助广大干部深刻领悟“两个确立”的本质内涵、决定性意义、实践要求等，旗帜鲜明讲政治，切实把“两个确立”的政治共识转化为“两个维护”的实际行动，中央组织部组织编写了本书。

本书由中央党史和文献研究院牵头，中央宣传部、求是杂志社、北京市委党校（行政学院）共同编写，全国干部培训教材编审指导委员会审定。曲青山任本书主编，孙东升、徐李孙、李文阁、张军任副主编。参加本书调研、写作和修改工作的主要人员有：李达、周美雷、孙存良、林小波、高阳、冯宗仁、石磊、周昭成、韦磊、刘汉峰、黄峰。参加本书咨询审读的人员有：黄一兵、秦宣、王金柱、龚云、孙熙国、孙来斌、艾四林、肖贵清、侯衍社、王树荫。在编写过程中，中央组织部干部教育局负责组织协调工作，人民出版社、党建读物出版社等单位给予了大力支持。在此，一并表示衷心感谢。

对于书中的疏漏和不当之处，敬请广大读者提出宝贵意见。

编 者

2024 年 2 月

全国干部培训教材编审指导委员会

主　　　任：李干杰　中央政治局委员，中央书记处书记，
　　　　　　　　　　　　中央组织部部长

副　主　任：姜信治　十四届全国政协副主席、党组成员，
　　　　　　　　　　　　中央组织部分管日常工作的副部长

　　　　　　　　胡和平　中央宣传部分管日常工作的副部长（正部长级）

　　　　　　　　齐家滨　中央组织部副部长

委　　　员：赵世勇　二十届中央纪委常委，国家监察委员会委员，
　　　　　　　　　　　　中央纪委国家监委组织部部长

　　　　　　　　陈小江　中央统战部分管日常工作的副部长（正部长级）

　　　　　　　　孙晓芳　中央政法委员会副秘书长

　　　　　　　　胡金旗　中央政策研究室副主任

　　　　　　　　刘海星　中央国家安全委员会办公室分管日常工作的
　　　　　　　　　　　　副主任（正部长级）

　　　　　　　　韩文秀　中央财经委员会办公室分管日常工作的副主任
　　　　　　　　　　　　（正部长级），中央农村工作领导小组办公室主任

　　　　　　　　李　毅　中央党校（国家行政学院）副校长（副院长）

　　　　　　　　曲青山　中央党史和文献研究院院长

　　　　　　　　赵辰昕　国家发展和改革委员会副主任、党组成员

　　　　　　　　王嘉毅　教育部副部长、党组成员、总督学

　　　　　　　　阴和俊　科学技术部部长、党组书记

　　　　　　　　陆治原　民政部部长、党组书记

　　　　　　　　孙金龙　生态环境部党组书记、副部长

　　　　　　　　卢映川　文化和旅游部副部长、党组成员

　　　　　　　　高　翔　中国社会科学院院长、党组书记

办公室主任：石中和　中央组织部干部教育局局长

《深刻领悟“两个确立”的决定性意义》

主　编：曲青山

副主编：孙东升　徐李孙　李文阁　张　军

责任编辑：郑 治
封面设计：王欢欢
版式设计：周方亚
责任校对：周 昕

图书在版编目（CIP）数据

深刻领悟“两个确立”的决定性意义 / 全国干部培训教材编审指导委员会组织编写 .-- 北京：人民出版社：党建读物出版社，2024.2
全国干部学习培训教材
ISBN 978－7－01－026403－5

I. ①深… II. ①全… III. ①中国共产党－党的领导－干部培训－教材 ②中国共产党－党的建设－干部培训－教材 IV. ① D25 ② D26

中国国家版本馆 CIP 数据核字（2024）第 043372 号

深刻领悟“两个确立”的决定性意义
SHENKE LINGWU LIANGGEQUELI DE JUEDINGXING YIYI

全国干部培训教材编审指导委员会组织编写

主 编：曲青山

人民出版社
党建读物出版社 出版发行

北京顶佳世纪印刷有限公司印刷 新华书店经销

2024 年 2 月第 1 版 2024 年 2 月第 1 次印刷
开本：710 毫米 ×1000 毫米 1/16
印张：12 字数：139 千字

ISBN 978－7－01－026403－5 定价：26.00 元

邮购地址 100706 北京市东城区隆福寺街 99 号
人民东方图书销售中心 电话（010）65250042 65289539

本书如有印装错误，可随时更换 电话：（010）58589935